中共成都市委党校"学习贯彻习近平总书记来川视察重要指示精神重大专项课题"资助项目，项目编号：E-2023-ZD006。

同时发力

推进科技创新和科技成果转化

夏楠 等 ｜ 著

中央党校出版集团

国家行政学院出版社

NATIONAL ACADEMY OF GOVERNANCE PRESS

图书在版编目（CIP）数据

同时发力：推进科技创新和科技成果转化 / 夏楠等
著. -- 北京：国家行政学院出版社，2024.11. -- ISBN
978-7-5150-2905-4

Ⅰ.F124.3

中国国家版本馆 CIP 数据核字第 2024W61M81 号

书　　名	同时发力：推进科技创新和科技成果转化
	TONGSHI FALI：TUIJIN KEJI CHUANGXIN HE KEJI CHENGGUO ZHUANHUA
作　　者	夏　楠　等著
统筹策划	陈　科
责任编辑	陈　科　宋颖倩
责任校对	许海利
责任印制	吴　霞
出版发行	国家行政学院出版社
	（北京市海淀区长春桥路 6 号　　100089）
综 合 办	(010) 68928887
发 行 部	(010) 68928866
经　　销	新华书店
印　　刷	北京九州迅驰传媒文化有限公司
版　　次	2024 年 11 月北京第 1 版
印　　次	2024 年 11 月北京第 1 次印刷
开　　本	170 毫米×240 毫米　16 开
印　　张	14.5
字　　数	194 千字
定　　价	52.00 元

本书如有印装问题，可联系调换，联系电话：(010) 68929022

前　言

　　科技是国家强盛之基，创新是民族进步之魂。党的十八大以来，党中央高度重视创新在国家发展战略中的作用，在五大新发展理念中创新是第一位的，能够解决发展动力问题，特别强调高水平科技自立自强是国家发展的战略支撑。党的十九大及十九届历次全会对科技创新工作又作出了一系列重大部署，科技计划管理体制、以知识价值为导向的分配机制、财政科研经费管理、加强科技伦理治理等重磅改革全面推出，推进"大众创业、万众创新"、鼓励加大科技创新投入、强化创新主体融通合作、畅通科技成果转移转化等具体措施落实落地。随着新型举国体制加快构建，国家战略科技力量不断完善，我国科技创新基础性制度框架基本确立，科技创新重点领域和关键环节改革取得实质性进展。特别是高技术领域成果竞相涌现。随着国家科技重大专项、国家重点研发计划等顺利实施，多个重点领域核心技术、关键共性技术实现突破，科研成果转化和产业化步伐逐步加快。三代核电、5G 产业化、新能源汽车、超级计算、高速铁路、大飞机等诸多领域成果丰硕；集成电路、关键元器件和基础软件研发取得积极进展。[①] 党的二十大报告中指出，必须坚持科技是第一生产力，加快实施创新驱动发展战略，坚持科技自立自强，集聚力量进行原创性引领性科技攻关，

---

　　① 创新驱动成效显著 科技自强蹄疾步稳——党的十八大以来经济社会发展成就系列报告之十［EB/OL］. https：//www. gov. cn/xinwen/2022－09－28/content＿5713445. htm.

坚决打赢关键核心技术攻坚战。科技创新引领新质生产力加快形成，新质生产力涉及领域新、技术含量高，必须加快释放创新动能，坚持以科技创新引领发展。"发展新质生产力是推动高质量发展的内在要求和重要着力点，必须继续做好创新这篇大文章，推动新质生产力加快发展。"2024年1月31日，习近平总书记在主持二十届中央政治局第十一次集体学习时发表重要讲话，系统阐述了新质生产力的深刻内涵和主要特征，指明了新质生产力的发展方向和实践路径，作出了重点部署，提出了明确要求，突出了科技创新的核心主导作用。

科学技术是第一生产力，那么科学技术如何才能成为第一生产力？这是制定科技创新政策、实施创新型国家战略等必须高度关注的问题，而加强科技与经济的深度融合，提高科技成果的转化率，将科技创新内化为核心竞争力，是解决此问题的重要途径之一。习近平总书记指出，"科技成果只有同国家需要、人民要求、市场需求相结合，完成从科学研究、实验开发、推广应用的三级跳，才能真正实现创新价值、实现创新驱动发展"①，"打通'最后一公里'，拆除阻碍产业化的'篱笆墙'，疏通应用基础研究和产业化连接的快车道，促进创新链和产业链精准对接，加快科研成果从样品到产品再到商品的转化，把科技成果充分应用到现代化事业中去"②。科技成果高效转化是构建国家或区域创新体系的战略目标，也是各国提高创新能力、增强核心竞争力的必然趋势。科技成果转化是实现从科学到技术、从技术到经济"并驾齐驱"双环节，支撑高质量发展的关键环节。改革开放以来，党和政府高度重视科技成果转化。2023年国民经济和社会发展统计公报显示，截至2023年底，我国发明专利有效量为499.1万件。其中，国内（不

---

① 习近平. 在中国科学院第十七次院士大会、中国工程院第十二次院士大会上的讲话 [M]. 人民出版社，2014：13.

② 习近平. 论把握新发展阶段、贯彻新发展理念、构建新发展格局 [M]. 中央文献出版社，2021：272.

含港澳台）发明专利有效量为 401.5 万件。我国每万人口高价值发明专利拥有量达 11.8 件，2023 年授予发明专利 92.1 万件，比 2022 年增长 15.3%。我国成为世界上首个国内有效发明专利数量突破 400 万件的国家，高价值发明专利占比超过四成。虽然经过多年发展与积累，技术转移行业在商业模式、从业人员来源、投融资方式、科技成果转化路径、应用体系建设等上实现了较大转变与升级，但与发达国家相比，我国科技成果转化率仍严重偏低，仅 30% 左右，远低于发达国家的 70%。① 因此，转变中国经济发展模式刻不容缓，增强创新能力和提高成果转化绩效势在必行。

推动科技成果转化，要优化创新创业生态环境，疏通基础研究、应用研究和产业化双向链接的快车道。推动科技成果转化，实现创新链产业链融合，关键是要确立企业创新主体地位。要增强企业创新动力，正向激励企业创新，反向倒逼企业创新。强化企业科技创新主体地位，促进创新要素向企业聚集，不断提高科技成果转化和产业化水平。强化企业科技创新主体地位，要发挥科技型骨干企业引领支撑作用，营造有利于科技型中小微企业成长的良好环境，推动创新链、产业链、资金链、人才链深度融合。目前，为了促进科技与经济深度融合、提高科技成果转化率，进而提高自主创新能力，中国在创新领域实施了一系列重大措施，且取得了可喜成绩。然而，中国在科学技术总水平和科技成果转化效果方面，同发达国家还有较大差距；现行技术创新体制与科技、经济发展的要求存在许多不协调的地方，如企业自主创新动力不足，创新体系中各主体力量分散，科技管理体制不完善，政产学研融一体化的创新体系未完全建立。也就是说，在创新链中，创新主体的"割裂"状况直接影响中国科技资源的利用效率，以

---

① 中国科技成果转化行业深度分析及发展前景预测 2023［EB/OL］. https：//www.chinairn.com/hyzx/20230617/162232981.shtml.

及经济发展方式转变与创新型国家建设的战略部署。因此，优化科技创新管理、促进科技成果高效转化，遵循深化科技与经济融合的内在要求，契合科技与经济深度契合的关键环节，是提高科技创新能力和竞争力的内核。

以科技创新开辟发展新领域新赛道、塑造发展新动能新优势，是大势所趋，也是高质量发展的迫切要求，必须依靠创新特别是科技创新实现动力变革和动能转换。2023年7月，习近平总书记在四川考察时强调，四川要发挥高校和科研机构众多、创新人才聚集的优势和产业体系较为完善、产业基础雄厚的优势，在推进科技创新和科技成果转化上同时发力。要完善科技创新体系，积极对接国家战略科技力量和资源，优化完善创新资源布局，努力攻克一批关键核心技术，着力打造西部地区创新高地。因此，成都作为科技创新驱动积极推动者，对推进科技创新和科技成果转化同时发力的研究，是顺应高质量发展趋势的必经之路，是促进技术要素市场化配置改革，发展壮大成都技术交易市场，充分发挥国际技术中心转移转化作用，优化创新主体成果转化均匀度，化解科技成果转化"最后一公里"过程中面临的障碍，激发成都经济发展的强大助力。成都将科技创新作为精神内核后的2023年上半年GDP同比增长5.8%，创新能力不断提升，科研产出收获颇丰，在基础研究和应用技术等领域都取得了一批重大成果，但在关键核心技术攻关、顶尖科技人才培养、技术交易市场、转化能力均匀度等方面仍存在"卡脖子"问题。

为有效把握成都协同推进创新科技和科技成果转化同时发力的水平，本书以国际视野在世界三大中心转移的形势下，基于创新生态系统"三阶段"模式，基于协同创新原理，从以需求为导向构建高质量区域创新体系的角度，按照逻辑性、代表性、可比性和导向性原则，选取我国20个城市作为研究对象，以创新投入、创新成果、创新动力3个维度为一级指标，选取15个二级指标，选取2016—2023年的年鉴数据构建科技创新体系发展指标体系并进行综合比较。同时将北京、上海、天津、重庆、广州、武汉、成都、西安、郑州 9 个国家中心城市和深圳、南京、沈阳、济南、杭州、哈尔滨、长春、大连、青岛、厦门、宁波 11 座副省级城市（含计划单列市）作为样本纳入科技创新体系进行分类和综合比较，有效把握各城市协同推进区域科技创新发展和科技成果水平优劣势和推进成效。从以需求为导向构建高质量区域创新体系的角度，分析研究区域创新体系对科技成果转化的影响因素，并对创新体系发展过程中推进创新科技和科技成果转化同时发力的动力机制和主要影响因素展开全面分析和实证研究，对需求进行量化分析。基于研究结论，辨析成都与各城市协同推进区域科技创新发展和科技成果水平的差异，研究区域创新体系对区域创新投入产出效率的影响。选取在高质量创新体系建设方面取得显著成效的国内外典型案例，运用案例分析系统梳理先进经验，并以此为依据对成都协同推进科技创新和科技成果转化同时发力提供建议。

目 录

CONTENTS

第八章
超大城市推动国际科技创新中心探索实践　　　152

第九章
产业与科技创新的融合之路　　　187

第十章
推进科技创新和科技成果转化同时发力的建议　　　197

第一章

科技创新发展竞争力概述

第一节 创新投入

一、研究与试验发展（R&D）经费投入

在 R&D 经费水平上，R&D 经费支出占 GDP 比重越高，表明城市对科研创新越重视。近几年，我国科技经费投入力度加大，R&D 经费投入、国家财政科技支出均实现较快增长，特别是 R&D 经费投入强度稳步提高。

从国家统计局发布的《2022 年全国科技经费投入统计公报》来看，全国共投入 R&D 经费 30782.9 亿元，比上年增加 2826.6 亿元，增长10.1%；R&D 经费投入强度（与国内生产总值之比）为 2.54%，比上年提高 0.11 个百分点。按 R&D 人员全时工作量计算的人均经费为48.4 万元，比上年下降 0.5 万元。分活动类型看，全国基础研究经费2023.5 亿元，比上年增长 11.4%；应用研究经费 3482.5 亿元，增长10.7%；试验发展经费 25276.9 亿元，增长 9.9%。基础研究经费所占比重为 6.57％，比上年提升 0.07 个百分点；应用研究和试验发展经费所占比重分别为 11.3％和 82.1％。分活动主体看，各类企业 R&D 经费 23878.6 亿元，比上年增长 11.0％；政府属研究机构经费 3814.4 亿元，增长 2.6％；高等学校经费 2412.4 亿元，增长 10.6％；其他主体经费 677.5 亿元，增长 22.3％。企业、政府属研究机构、高等学校经费所占比重分别为 77.6％、12.4％和 7.8％。分产业部门看，高技术制造业 R&D 经费 6507.7 亿元，投入强度（与营业收入之比）为 2.91％，比上年提高 0.20 个百分点。在规模以上工业企业中，R&D 经费投入超过千亿元的行业大类有 7 个，比上年增加 2 个，这 7 个行业的经费占全部规模以上工业企业 R&D 经费的比重为 63.2％。根据《中华人民共和国 2023 年国民经济和社会发展统计公报》，全年 R&D 经费支出 33278 亿元，比上年增长 8.1％，与国内生产总值之比为 2.64％，其中基础研究经费 2212 亿元，比上年增长 9.3％，占 R&D 经费支出比重为 6.65％。综合来看，国家逐渐加大对 R&D 经费的投入力度。

科研投入最直接的目的就是鼓励技术创新，科研投入所形成的技术创新通过提升劳动生产率、加速经济增长、优化经济结构，对城市化产生着深远而持久的影响，如以蒸汽机发明为代表的第一次产业革命，为工业技术进步奠定了基础，提升了城市的创新竞争力。当下，创新已经成为全球性议题。世界各主要经济体均把创新作为重要的发展战略。为适应经济发展新常态，党中央作出实施创新驱动发展的战略，全面推动"大众创业、万众创新"，激发市场活力、潜力和社会创造力，打造发展新引擎。从我国情况看，我国科技经费投入持续增加，当前 R&D 经费投入总体符合我国经济社会发展的要求和阶段状况。但与发达国家比较，我国 R&D 经费投入的效益有待进一步提升，科研经费投入力度与发达国家还有一定差距。

从9个国家中心城市来看，[①] 2016年，成都市的R&D经费投入为258亿元，2017年为331亿元，2018年为392亿元，2019年为453亿元，2020年为551亿元，2021年为673亿元，2022年为733亿元。在9个国家中心城市中，仅有天津的R&D经费投入2022年相较2021年有所降低，成都的R&D经费投入与北京、上海、武汉相差较大。武汉在2016年R&D经费投入为843亿元，2022年后增长到1880亿元。在同级城市中，重庆R&D经费投入增速最快，与北京、上海R&D经费投入的差距逐渐减少，与同级城市拉开差距。

二、R&D经费支出占GDP比重

从城市GDP来看，宏观经济指标通过对国民经济形势的综合分析，可以基本反映经济发展的速度与质量、地区经济发展程度，大致把握经济运行的主要方面。对R&D经费支出占GDP比重的研究，对研究分析城市创新发展变化的过程，预测其转变的方向与时机，具有非常重要的影响。

从9个国家中心城市来看，[②] 2016—2022年，除成都、上海、武汉、广州R&D经费支出占GDP比重逐年增长外，其他城市指标都出现了一定波动。天津的R&D经费支出占GDP比重在2022年、2018年、2017年都出现波动；北京在2017年、2021年出现波动；重庆和郑州在2017年出现波动；西安在2021年出现波动，表现出下降的趋势（相比上一年）。但从9个国家中心城市R&D经费支出占GDP比重指标来看，西安和武汉增速较快，西安从2016年的1.97％增长到2022年的3.66％，武汉从2016年的4.07％增长到2022年的5.80％。成都

---

① 数据来自2016—2023年《中国科技统计年鉴》。
② 数据来自2016—2023年《中国科技统计年鉴》。

市的 GDP 虽然逐年增长，但从 2022 年 R&D 经费支出占 GDP 比重指标来看，与北京、上海、武汉还有一定差距，还有较大的提升空间。

三、专业技术人员

科技创新更加突出"人才是第一资源"，科技背后的竞争是人才的竞争。当今世界科技的发展，要求各国产出更多突破性和颠覆性的创新成果，这给未来科技人才在理想信念、思维能力和知识结构等方面的塑造提出了更高的要求。人才是科技创新能力的核心载体，专业技术人才有着丰富的知识储备、敏锐的时代洞察力及勇于探索的精神特质，在科技创新领域发挥着强大的驱动作用，对提升城市科技创新竞争力具有战略意义。

从 9 个国家中心城市来看，[1] 大部分城市专业技术人员数量呈逐年增长趋势。成都从 2018 年开始专业技术人员数量就有较大增幅，2022 年增加到 23635 人，高于天津（15552 人），但低于郑州、西安、武汉。上海从 2021 年开始专业技术人员数量保持第一位，2020 年投入专业技术人员为 1139113 人，2021 年增加到 5620000 人，2022 年大幅度增加到 6897000 人。重庆虽然在该指标上数值不小，但 2022 年有专业技术人员的流失，从 2021 年 202000 人减少到 123781 人，有明显的减少。

四、高新技术企业

高新技术企业称号作为国家级硬资质，是国家按照严格标准对全国各省市科技型企业创新发展能力的综合评价认定，是对企业在自主创新、人才团队、自主知识产权等方面水平的科学考量。对于科技型

---

① 数据来自 2016—2023 年《中国科技统计年鉴》。

企业来讲，获得这项称号，不仅可以享受实实在在的国家税收优惠政策支持，更有利于提升企业自主创新能力，吸引创新人才团队，增强企业国际市场竞争力，支撑和推动高新技术产业发展，为打造国内外有影响力的创新型城市提供有力的支撑。2023 年，高新技术企业、科技型中小企业拥有有效发明专利 213.4 万件，同比增长 24.2%，占国内企业总量的近 3/4，达到 73.4%。自主创新为众多科技型企业的高质量发展蓄势赋能。① 高新技术企业已经成为城市科技创新发展的重要生力军，其聚集程度和发展水平更是一个区域经济活力与科技创新能力的集中反映。

从 9 个国家中心城市总体来看，② 9 个城市总体在高新技术企业上实现快速增长。其中，北京以 28200 家高新技术企业数量独占鳌头，与其他 8 个国家中心城市拉开不小的差距。武汉从 2021 年的 8807 家高新技术企业快速增长到 2022 年的 12400 家高新技术企业，超过广州，排名第二。成都也增长迅猛，从 2021 年的 7821 家增长到 2022 年的 11463 家高新技术企业，排名第四，超过上海和天津。重庆和郑州以 6348 家和 5189 家排名最后两位，与其余 7 个国家中心城市有较大的差距，应加大建设高新技术企业的力度，加强注入高新技术企业科技引领能力，提升城市科技创新竞争力。

五、新型研发机构

新型研发机构是聚焦科技创新需求，主要从事科学研究、技术创新和研发服务，投资主体多元化、管理制度现代化、运行机制市场化、用人机制灵活的独立法人机构，可依法注册为科技类民办非企业单位、

---

① 国务院新闻办发布会介绍 2023 年知识产权工作进展情况 [EB/OL]. https://www.gov.cn/lianbo/fabu/202401/content_6926362.htm.

② 数据来自 2016—2023 年《中国科技统计年鉴》。

事业单位和企业。通过发展新型研发机构，能够进一步优化科研力量布局，强化产业技术供给，促进科技成果转移转化，推动科技创新和经济社会发展深度融合。[①] 截至 2023 年，我国新型研发机构数量已超2000 家，既是区域创新体系的重要组成部分，也是攻克产业关键技术的新生力量、推进体制机制改革的有效抓手和促进科技成果转化的重要平台。新型研发机构通常拥有灵活的运作机制和卓越的研发能力，能够快速响应市场变化，加速科技创新的步伐。此外，新型研发机构可集聚人才资源。这些研发机构因其研究开发的前沿性和高新技术的特点，能够吸引国内外顶尖科研人才，为全国的技术创新提供强大的智力支持。由于新型研发机构通常与产业紧密结合，能够直接推动产业技术进步，提高产品和服务的附加值，增强产业竞争力并促进高新技术产业发展；新型研发机构的研究成果可以直接转化为实际生产力，通过新型研发机构的布局，减少区域发展差异，推动区域经济均衡发展。随着国家对创新驱动发展战略的不断推进，新型研发机构将在全国的科技创新和产业升级中扮演越来越重要的角色。它们不仅能够驱动地区经济的高速发展，还能在国家科技进步和竞争力提升中发挥核心作用。通过不断地投入和优化，新型研发机构会在未来的科技创新和产业发展中，成为不可或缺的力量。

截至 2022 年，北京有 405 家新型研发机构，相较 2021 年有所减少，但仍稳居第一位，[②] 与其他 8 个国家中心城市在该指标上拉开较大差距。上海从 46 家减少到 42 家，广州新增 9 家，重庆不变，郑州增幅较大，2022 年增加了 36 家，西安新增 10 家，武汉新增 20 家，成都新增 9 家。虽然成都增幅不大，在该指标上的排位靠后，但值得关注的

---

① 摘自《中华人民共和国国民经济和社会发展第十四个五年规划和 2035 年远景目标纲要》。

② 数据来自 2016—2023 年《中国科技统计年鉴》。

是，成都高新区于 2021 年启动揭榜挂帅型研发机构"岷山行动"计划，明确未来 5 年将投入 300 亿元建设 50 个新型研发机构，力争到 2025 年在部分领域突破一批关键技术，打通成果转化的"最后一公里"。在资金支持方面，将按照 A、B 两档分别给予最高不超过 1 亿元、5000 万元产业扶持资金，重大新型研发机构无支持上限；在载体支持方面，将提供 3000 平方米以内的办公场地；在人才支持方面，将提供住房租购、子女教育、医疗绿色通道等政策。①

第二节 创新成果

当今世界发展已进入了一个科技创新的重要时代，也步入了一个经济结构加快调整的重要时期。创新技术的重大发现发明成果及其广泛应用，正在推动世界范围内生产力、生产方式、生活方式和经济社会发展观发生前所未有的深刻变革，也引起全球生产要素流动和产业转移加快，经济格局、利益格局和安全格局发生了前所未有的重大变化。加速创新成果转化已成为世界各国调整经济结构，转变经济发展方式，提高竞争力的重要举措。创新成果指标中包含专利申请量、专利授权量、科技成果数、实用新型专利量、发明专利数、高新技术出口额 6 个二级创新发展指标。

一、专利申请量和专利授权量

专利是一种知识产权，是保护发明创造的重要手段。它能促进

---

① 成都高新区：2025 年力争集成电路产值超 2000 亿元［EB/OL］．https：//baijiahao．baidu．com/s？id=1748745765834853459&wfr=spider&for=pc.

人们不断创新，进而推动人类的技术进步，并由此产生比传统技术更有利的投资机会，从而提高了资本的产出效率，使其边际收益呈现递增的趋势，并促使经济活动突破短期的局限，实现长期持续的增长。也就是说，专利的经济效应在于它能促使创新投入的边际收益产生递增效应。专利的申请量和授权量一直是评价一个国家创新水平高低的重要指标之一，自我国专利法实施以来，国内专利数量发展迅速，取得了显著成绩，我国2023年全年授权发明专利92.1万件。①

从9个国家中心城市总体来看，② 2016年至2022年专利申请量和专利授权量呈现不稳定状态，并未保持稳定上升。在9个国家中心城市中，经济发达地区的专利申请量与专利授权量较大，并且排名靠前，说明各地区的专利申请量与专利授权量同该地区的经济发展水平有密切的联系。从2022年的数据来看，北京、上海、广州3个城市在专利申请量和专利授权量排名中占据了前三名的位置。其中，北京专利申请量为222750件，专利授权量为202722件；上海虽然专利申请量高达403100件，但专利授权量仅为178300件；广州专利申请量为317738件，专利授权量为146900件。成都专利申请量和专利授权量在2022年均降低，但专利授权量与2021年相差较小。

从图1-1来看，国家中心城市专利申请量与专利授权量的总体水平并不高，而且地区之间差距明显。从专利申请量来看，北京、上海和广州这3个城市的专利授权量在2022年均超过了10万件，远多于其他城市。这与专利申请量情况类似。重庆专利申请量在9个城市中数量不高，但专利授权量相对较高。

---

① 我国知识产权保护力度持续加强［EB/OL］. http：//www. scio. gov. cn/live/2024/33848/fbyd/202404/t20240425 _ 844934. html.

② 数据来自2016—2023年《中国科技统计年鉴》。

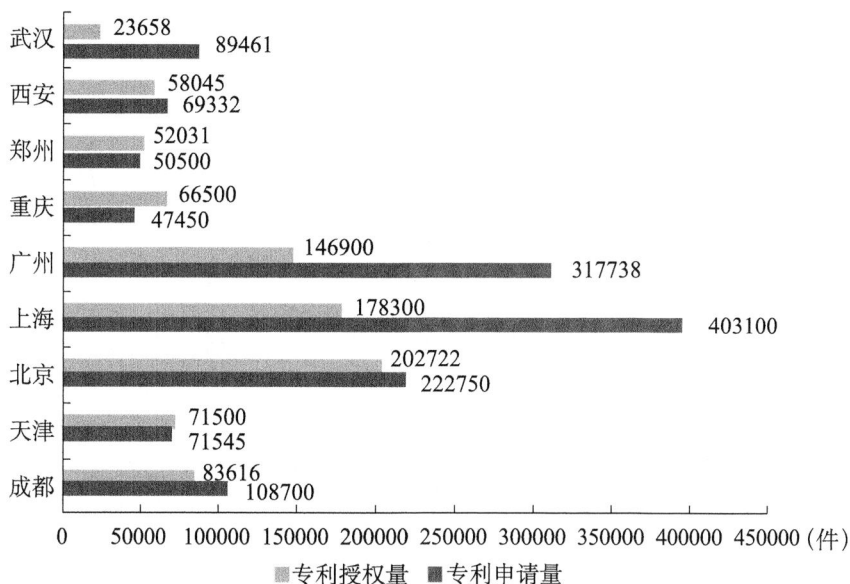

图 1-1　国家中心城市 2022 年专利申请量和专利授权量对比

二、科研成果数

根据《中华人民共和国促进科技成果转化法》，科技成果是指为提高生产力水平而通过科学研究与技术开发所产生的具有实用价值的成果。具体而言，就是在科学研究与技术开发中产生出来的，通过调研考察、实验研究、设计试验和辩证思维活动等，所取得的具有一定学术意义或实用价值的创造性劳动成果，并通过了技术鉴定、得到了社会认可。① 通过科技成果转化，将科技成果转化为现实生产力并产生倍增放人效应，完成一种带有科技性质的经济行为，将科技与经济融合。

从 9 个国家中心城市来看，② 各城市 2016—2022 年科技成果数量

---

① 唐五湘，黄伟. 科技成果转化的理论与实践［M］. 方志出版社，2006：17-33.

② 数据来自 2016—2023 年《中国科技统计年鉴》。

无法保持稳定增长，西安在2017—2019年科技成果数量逐年降低，在2020—2021有小幅增长，在2022年科技成果数量降低到29个，大部分年份在9个国家中心城市中排名最后一位。重庆在2022年的科技成果数量排名中位居第一，从2016—2022年数据来看，2020年的科研成果数量有较大减幅，之后呈快速增长趋势，2022年以1918项成果数量遥遥领先。2022年，天津的科技成果数量虽仅次于重庆，在9个国家中心城市中排名第二，但整体而言在2016—2022年科技成果数量产生不小幅度的下降。2022年，北京在科技成果中数量低于重庆和天津，在2021年仅有191项科技成果，虽然在2022年快速增长至1139项，但仍与重庆有不小的差距。成都科技成果数量在2017—2018年较多，但在2019年大幅度减少，仅有314项，2022年的数量低于天津、北京、上海、重庆，高于同级城市武汉。为加强城市的创新竞争力，成都还需在科技成果上下功夫（见图1-2）。

三、实用新型专利量

根据我国专利法的规定，实用新型指的是对产品的形状、构造或者其结合所提出的适于实用的新的技术方案。实用新型专利保护与发明专利同样是对一种技术方案进行保护，但实用新型专利保护的范围没有发明专利那么广泛，申请实用新型的技术方案与申请发明的方案相比，其创新含量要低一些，许多国家用实用新型来保护一些简单的、具有一定改进性的发明创造，因此实用新型专利有时也被称为"小发明"。

从9个国家中心城市总体来看，[①] 2016—2021年实用新型专利数量呈逐年增长趋势。9个国家中心城市相比，经济发达地区的实用新型

---

① 数据来自2016—2023年《中国科技统计年鉴》。

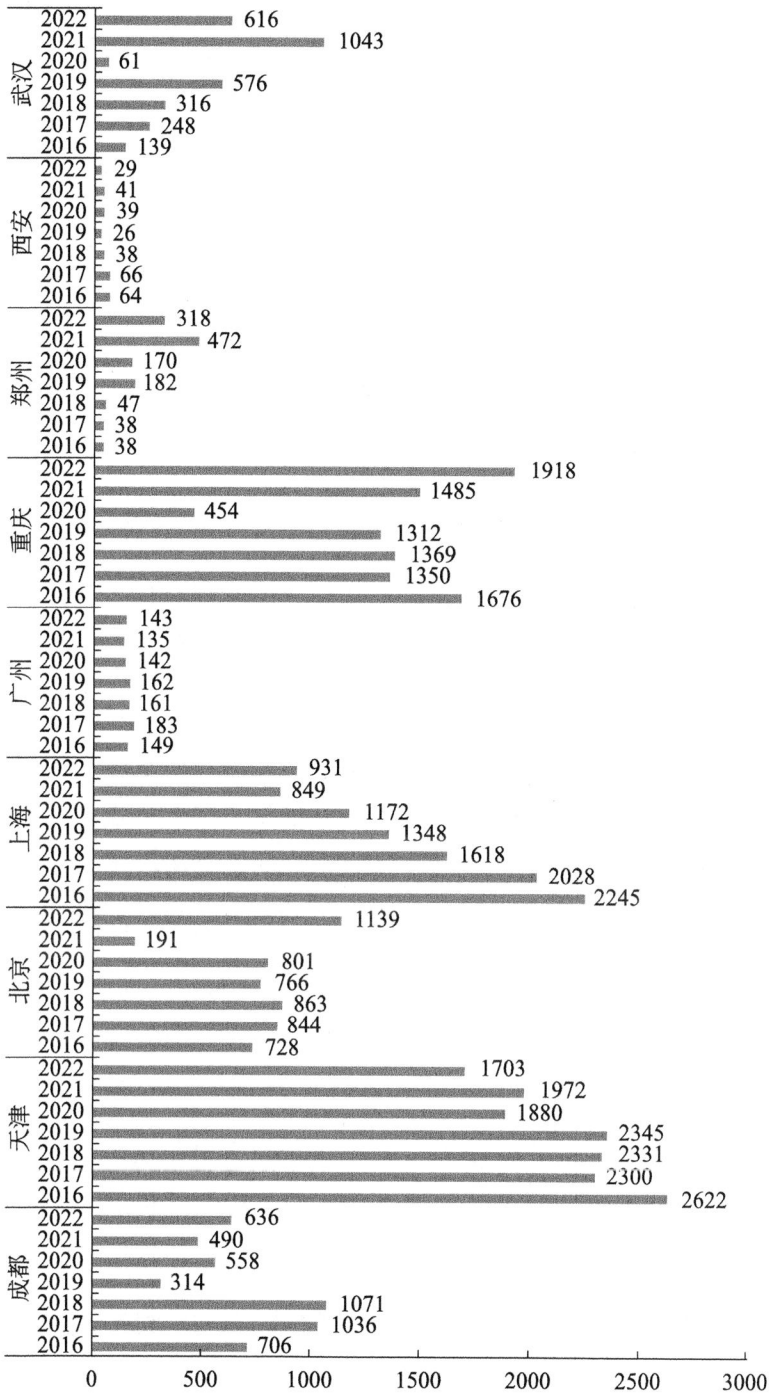

图 1-2 国家中心城市 2016—2022 年科技成果数量

专利数量增速较快，并且排名靠前，说明各地区的实用新型专利量同该地区的经济发展水平有密不可分的关系。其次，从 2022 年的数据来看，除了天津增速较快，其他 8 个国家中心城市都有所降低。天津从 2022 年的 85076 项快速增长到 260469 项，实用新型专利数量独占鳌头；广州和上海在该指标上增速较慢。成都和重庆 2022 年新增数量排名靠后，西安和郑州以 36793 项和 39911 项排名最后两位，这 2 个城市应加大实用新型专利研发的力度，增强城市创新成果竞争力。

四、发明专利量

专利是衡量一个国家创新能力的重要指标。国家知识产权局公布的数据显示，截至 2023 年底，我国国内（不含港澳台）发明专利拥有量达到 401.5 万件，同比增长 22.4%，成为世界上首个国内有效发明专利数量突破 400 万件的国家。我国专利制度实施约 40 年来，国内发明专利有效量达到第一个、第二个和第三个 100 万件分别用时 31 年、4 年和 2 年左右，而突破第四个 100 万件仅用时 1 年半。强化企业科技创新主体地位，是实现高质量发展的内在要求，是构建新发展格局的迫切需要。通过这 400 多万件发明专利，可以看出我国科技产出量质齐升、创新创造活力竞相进发的态势，2023 年中央经济工作会议提出"要以科技创新推动产业创新""发展新质生产力"，加快培育新质生产力必然离不开发明专利。

从 9 个国家中心城市来看，[1] 成都从 2017 年开始发明专利量增长速度较为缓慢，虽从 2021 年开始发明专利数量增速上升，但从 2022 年数据来看排名靠后，与上海还有较大差距。上海在 2020—2021 年增长速度大幅下降，但在 2022 年实现较大增幅，发明专利数量为 202000

---

[1]　数据来自 2016—2023 年《中国科技统计年鉴》。

项。重庆在2016年仅有16700项，但2016—2022年该指标数量增长速度较快，在2022年已增长51900项发明专利。

五、高新技术产品出口额

高新技术产品出口代表了我国自主创新能力程度，以此作为新经济发展的抓手，有利于科技成果的产业化和商品化，实现资源的有效配置；有利于引导高新技术、先进适用技术和成熟配套技术进入国际市场，带动成套设备、产品和服务出口，推动国内产业结构升级和发展方式转变，使创新成果拥有国际地位。2023年，我国进出口总值为41.76万亿元，同比增长0.2%。其中，出口为23.77万亿元，增长0.6%；进口为17.99万亿元，下降0.3%。在出口的机电产品中，电动载人汽车、锂离子蓄电池和太阳能电池"新三样"产品合计出口为1.06万亿元，这是它们首次突破万亿元大关，增长了29.9%。①

从9个国家中心城市高新技术产品出口额趋势来看（见图1-3）②，仅武汉、天津在2022年增长速度较快，其余7个国家中心城市增速较慢或呈负增长，特别是上海虽在2021年达到9371.17亿美元，但在2022年减少到6234.53亿美元。成都虽与上海有较大差距，但在2018—2021年保持增长趋势，发展速度较为稳定。天津2017—2021年变化不大，但在2022年快速增长至1167.2亿美元。重庆和郑州在2016—2021年排名最后两位，郑州在2022年超过重庆，使重庆在9个国家中心城市中排名最后一位。

---

① 杜海涛.2023年我国货物贸易进出口好于预期，实现促稳提质目标 "新三样"产品出口突破万亿元［N］.人民日报，2024-01-13.
② 数据来自2016—2023年《中国科技统计年鉴》。

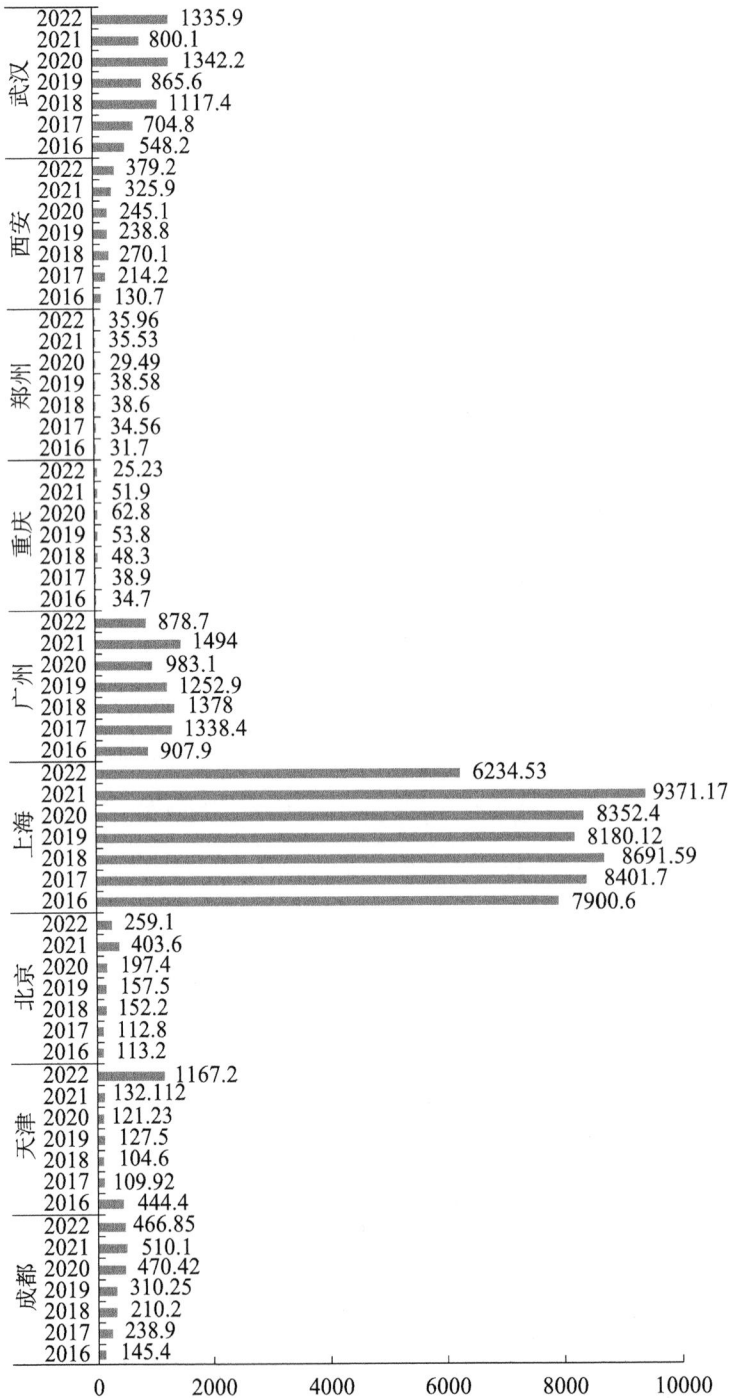

图 1-3 国家中心城市 2016—2022 年高新技术产品出口额（亿美元）

第三节　创新动力

一、地均 GDP

地均 GDP 是反映产值密度及经济发达水平的极好指标，它比人均 GDP 更能反映一个区域的发展程度和经济集中程度。从全国各区域整体上来看，经济发展水平呈现明显的差异。在人均 GDP 排名中，东部沿海地区和部分内陆资源型省份的高人均 GDP 城市数量较多，而西部地区和部分中部地区的城市人均 GDP 相对较低。这种差异是由各地区的历史、地理、资源、政策等多方面因素综合影响形成的。因此，在评估城市经济实力时，不能只看重城市的总体规模或者人口数量，更应该注重单位土地面积上的经济贡献，而地均 GDP 这一指标为我们衡量城市经济发展提供了一个全新的视角和重要的参考依据。

从指标数据可以明显看出，[①] 上海在该指标上的数据依然以一枝独秀的方式压倒其他国家中心城市，不仅表明上海作为国际金融中心所反映出的经济景气程度，也从根本上说明我国经济依然处于繁荣增长期。我们可以从中明确地将其分为 3 个层次。

第一层次是广州和上海，上海在经济繁荣程度方面依然表现出压倒性优势，第二层次和第三层次还有一定的差距。2022 年排名第一的上海地均 GDP 为 7.04 亿元/平方千米，与排名末位的重庆的 0.35 亿元/平方千米相比超出很多。

第二层次为 2022 年地均 GDP 超过 2 亿元/平方千米的城市，分别为武汉、郑州、北京。其中，2022 年北京的地均 GDP 为 2.54 亿元/平

---

① 数据来自 2016—2023 年《中国科技统计年鉴》。

方千米，在 9 个国家中心城市中排名第三。北京在 2018 年还排在第三层次，在 2019 年超过了 2 亿元/平方千米，跻身第二层次。而郑州在 2022 年才跻身第二层次，但发展势头较为迅猛。

第三层次的城市分别为成都、西安、天津和重庆。重庆从 2016 年在 9 个国家中心城市中排名最末位，在 2022 年依然排名最末位，但是重庆依然以趋于直线的线性增长趋势逐年增长。成都虽排名靠后，与上海差距较大，但在稳步增长中与第二层次的差距很小。成都作为西部经济中心拥有较强辐射能力，在地均 GDP 这方面仍然还有很大的增长空间，具有较强增长实力。

二、居民人均可支配收入

居民可支配收入是指居民可用于最终消费支出和储蓄的总和，即居民可用于自由支配的收入，既包括现金收入，也包括实物收入。按照收入的来源，可支配收入包括工资性收入、经营净收入、财产净收入和转移净收入，不仅同人民群众的生活密切相关，而且在整个国民经济价格体系中具有重要的地位。国家统计局 2023 年最新数据显示，全国居民人均可支配收入 39218 元，比上年名义增长 6.3%；全国居民人均工资性收入 22053 元，增长 7.1%，占人均可支配收入的比重为56.2%；人均经营净收入 6542 元，增长 6.0%，占人均可支配收入的比重为 16.7%；人均财产净收入 3362 元，增长 4.2%，占人均可支配收入的比重为 8.6%；人均转移净收入 7261 元，增长 5.4%，占人均可支配收入的比重为 18.5%。"十四五"时期，经济社会发展指导方针和主要目标指出，要实现居民收入增长和经济增长基本同步。该指标既可以反映我国经济所处的发展阶段，也是反映创新动力的代表性指标。

从 9 个国家中心城市来看，[①] 2016—2022 年居民人均支配收入整

---

① 数据来自 2016—2023 年《中国科技统计年鉴》。

体处于增长趋势。2022 年，上海和北京居民人均可支配收入超过 8 万元，广州以 7.68 万元排名第三；武汉、天津、成都居民人均可支配收入分别为 5.84 万元、5.15 万元、5.49 万元，数据相差不大，且增速较快；相对靠后的城市分别为重庆（4.55 万元）、西安（4.84 万元）、郑州（4.63 万元），在该指标上还需持续发力。

三、PM$_{2.5}$指标

PM$_{2.5}$是直径小于或等于 $2.5\mu m$ 的细颗粒物。国务院印发的《空气质量持续改善行动计划》提出，到 2025 年，全国地级及以上城市 PM$_{2.5}$浓度比 2020 年下降 10%，重度及以上污染天数比率控制在 1% 以内；氮氧化物和 VOCS 排放总量比 2020 年分别下降 10% 以上。而科技创新对绿色发展的作用是多方面的，它不仅是推动绿色低碳转型的关键力量，也是实现可持续发展目标的重要手段。通过原创性技术创新，可以改造传统产业，推广应用节约资源的新技术、新工艺、新设备和新材料，降低资源消耗，提高能源利用效率。同时还可以加快技术创新成果转化。通过优化成果转化管理架构和运行机制，畅通成果转化通道，提高管理运行效率，激发绿色低碳发展新活力。

从 9 个国家中心城市整体来看，[①] 从 2016 年开始，各城市 PM$_{2.5}$年均浓度呈下降趋势，说明各城市为绿色发展打下坚实基础。其中，北京下降趋势最为明显，从 2016 年的 $73\mu g/m^3$ 下降到 2022 年的 $30\mu g/m^3$。2022 年，成都的 PM$_{2.5}$年均浓度在 9 个国家中心城市中排名第三；西安排名最后一位，在绿色发展中还需加强重视。

四、生产总值能耗

生产总值能耗数是指一定时期内，一个国家（地区）每生产一个

---

① 数据来自 2016—2023 年《中国科技统计年鉴》。

单位的国内（地区）生产总值所消费的能源。当国内（地区）生产总值单位为万元时，单位 GDP 能耗也称为万元国内（地区）生产总值能耗；当具体描述到某个产业或行业时，则称为单位增加值能耗，如规模以上工业单位增加值能耗。首先，该数值是反映一个国家（地区）经济发展状况的重要指标，可直接反映经济发展对能源的依赖程度，即每创造一个单位的社会财富需要消费的能源数量。能耗越大，说明经济发展对能源的依赖程度越高。其次，该数值可间接反映产业结构状况、设备技术装备水平、能源消费构成和利用效率等多方面内容。根据《2023 年国民经济和社会发展统计公报》，初步测算，扣除原料用能和非化石能源消费量后，2023 年全国万元国内生产总值能耗比上年下降 0.5%，表明能源效率继续提升。

生产总值能耗越低，能源利用率越高，生产总产值成本越低，综合成本越低、成本效益比越高，这表明技术水平相对较高时，可以充分利用能源创造更多的经济效益。从 9 个国家中心城市来看①，生产总值能耗值都有不同程度的起伏，成都 2017 年能耗值有所下降，但在 2018 年、2019 年又有所增加，在 2020 年有所降低后，在 2021 年能耗值有较大的增幅，能源利用率不高。北京的生产总值能耗值虽有浮动，但较为稳定，减少量较低。上海在 2016—2021 年稳步下降，能源利用率较好，但在 2022 年能耗值又大幅度增加，使能源利用率排名靠后。天津是唯一一个能源利用率逐渐降低、耗能值逐年增加的城市，因此天津需在提高能源利用率上下功夫。广州在 2016—2022 年能耗值呈浮动状态，2022 年能耗值有所下降，却是 9 个国家中心城市中超过 1000 亿千瓦·时的城市之一。重庆能耗值虽没有超过 1000 亿千瓦·时，但 2022 年能耗值也相对较高（955.8 亿千瓦·时），跟成都的 59.244 亿千瓦·时差距较大。

---

① 数据来自 2016—2023 年《中国科技统计年鉴》。

本章小结

城市创新发展作为一个复杂的整体，在开放和竞争的大环境中，能够以现有的自然、经济、政治、科技和制度创新发展等方面的综合比较优势为基础，以城市科技创新发展各要素间的竞争协同为运行方式，形成凌驾于现实和潜在竞争对手之上的具有持久竞争优势的独特能力。这种能力也体现在它对本地区经济、政治、社会生活及国际创新发展环境的影响力方面。通过对城市创新发展概念和构成进行分析总结，有助于提出城市科技创新发展竞争力的概念及构建模型。[①] 本章以城市创新发展竞争力评价指标体系，收集分析了 9 个国家中心城市 2016—2023 年科技统计年鉴数据，通过创新数据探索各城市各项二级创新指标的发展趋势，为第二章科技创新发展综合竞争力的数据分析及提升措施的提出打下良好的数据基础。

---

① 夏楠. 成都建设具有全球影响力的创新型城市战略研究［J］. 成都行政学院学报，2020（2）.

第二章

科技创新发展竞争力综合比较

第一节　评价指标确定步骤

评价指标权重的确定是多目标决策的一个重要环节，是指标在评价过程中不同重要程度的反映，是评价过程中指标相对重要程度的一种主观评价和客观反映的综合度量。因此，权重的赋值必须做到科学和客观，这就要求寻求合适的权重确定方法。确定权重的方法有很多，如专家打分法、调查统计法、序列综合法、公式法、梳理统计法、层次分析法和复杂度分析法等。为避免评价中的主观因素影响，本章将采用层次分析法来确定指标权重。

首先针对国家中心城市创新发展竞争力一级指标构建两两比较判断矩阵，分析出每项一级指标在创新发展竞争力上的权重。然后对每个一级指标下的二级指标构建两两比较判断矩阵，分析出每项二级指标在一级指标评价中的权重，从而可以得出每项最细项评价指标对整体的影响程度。为使判断矩阵更加科学、规范，本研究设计了专家打分表，经 5 名研究城市竞争力和治理的专家打分，按照最小原则确定了各个指标最终的重要程度，再依次计算层次权重值，即依据判断矩阵，计算特征向量和最大特征值，并按照一致性检验步骤进行一致性检验，通过后即可获得每一层次各要素的权重值。最后汇总各个指标对总目标的权重，形成汇总表呈现。

本章选用科研投入反映一个城市对创新发展的扶持度；选取 R&D 经费支出占 GDP 比重反映在创新发展方面的经费投入力度。此外，申请专利数量的多少不仅体现一个城市的创新能力，对于增强企业竞争力、建设学习型和创新型城市也有重要意义，因此，本章选取了专利申请量和发明专利授权量反映一个城市的专利水平；选取了专业技术人员数量反映该城市对人才的吸引力度；选取高新技术企业和新型研究机构数量反映城市聚焦科技创新需求度、推进科技成果转化的力度、科技创新与城市经济发展融合程度。

因此，首先对创新投入、创新成果、创新动力 3 项一级指标的权重进行层次分析。分别将创新投入指标用字母 A、创新成果指标用字母 B、创新动力指标用字母 C 表示，由 5 位专家对 3 项一级指标的重要性进行打分比较。从 5 位专家形成的比较结果中取最小值，形成判断矩阵（见表 2-1）。将表 2-1 中的判断矩阵的每一列向量归一化处理，得到归一化的向量矩阵（见表 2-2），然后对归一化后的向量矩阵各行求和并除以行数得到一列的特征向量矩阵（见表 2-2），再用判断矩阵与特征向量矩阵相乘，得到一列结果矩阵，将结果矩阵与特征向量矩阵相除后加总，再除以判断矩阵阶数 3 阶即得到一级指标判断矩阵的最大特征值 $\lambda = 3.87$（见表 2-3）。

按照层次分析法运用规则，我们需要验证判断矩阵逻辑是否合理，即各位专家的判断有无较大反差，以提高判断矩阵的准确性。如判断矩阵差异过大（各位专家未形成大致统一的意见），则表明这次层次分析方法运用失败，需要再请专家进行打分，防止不同专家意见大相径庭造成的分析结果不准确。这里需要进行的是判断矩阵的一致性检验。按照层次分析法步骤，在一级指标判断矩阵的最大特征值 λ 计算出来后，需要计算一致性指标 CI（consistency index），即 $CI=（\lambda-n）/（n-1）$，n 为矩阵阶数，这次 $CI=0.0026$，得到一致性比率 CR 值为 0.046。最后比较 CR 值的大小，CR 值位于 0 与 0.1 之间，表明判断矩阵偏离程度不超过 10%，具有满意的一致性，判断矩阵有效。由此可以计算得出各项一级指标在总指标体系中的权重，创新投入 A、创新成果 B、创新动力 C 在总指标体系中的权重依次为 0.3602、0.3997、0.2401（见表 2-3）。这说明创新成果指标对城市的创新竞争力作用最大，比重达到 39.97%，其次为创新投入指标，占比为 36.02%，第三为创新动力指标，占比达 24.01%，这 3 项均超过 20%，表明科技创新发展竞争力大小主要还是反映在对创新成果的转化和创新投入的大小上。

表 2-1 一级指标判断矩阵

指标	A	B	C
A	1	0.75	1.5
B	0.75	1	2
C	0.67	0.5	1

表 2-2 归一化后的向量矩阵、特征向量矩阵

指标	A	B	C	特征向量矩阵
A	1	0.75	1.5	0.360153
B	0.75	1	2	0.399745
C	0.6667	0.5	1	0.240102

表 2-3 一级指标权重

结果	A	B	C		比重
A	0.4138	0.3333	0.3333	$\lambda=3.87$	0.3602
B	0.3103	0.4444	0.4444	$CI=0.0026$	0.3997
C	0.2759	0.2222	0.2222	$CR=0.046$	0.2401

按照一级指标判断矩阵的分析计算方法和步骤，对创新投入指标下的新型研发机构（A1）、专业技术人员数量（A2）、R&D 经费投入

（A3）、高新技术企业（A4）、R&D经费支出占GDP比重（A5）5个二级指标进行比较分析，最终得到判断矩阵和其一致性比率，如表2-4所示，可以用来计算权重。由此得到新型研发机构的权重为0.185，专业技术人员数量的权重为0.2123，R&D经费投入的权重为0.1999，高新技术企业的权重为0.2042，R&D经费支出占GDP比重的权重为0.1986。这说明不仅要保障城市R&D经费投入，更要激发高新技术企业科技创新以及科技成果转化的内生动力，吸引高端人才。

表2-4 二级指标判断矩阵（创新投入指标A）

指标	A1	A2	A3	A4	A5	权重
A1	1/1	4/5	2/5	1/2	2/5	0.1850
A2	4/5	1/1	3/5	2/3	1/2	0.2123
A3	2/5	3/5	1/1	2/3	2/3	0.1999
A4	1/2	2/3	3/4	1/1	1/2	0.2042
A5	3/5	1/2	2/3	1/2	1/1	0.1986

按照一级指标判断矩阵的分析计算方法和步骤，对创新成果指标下的科研成果数（B1）、专利授权量（B2）、发明专利量（B3）、实用新型专利量（B4）、高新技术产品出口额（B5）5个二级指标进行比较分析，最终得到判断矩阵和其一致性比率，如表2-5所示。科研成果数的权重为0.1929、专利授权量的权重为0.2059、发明专利量的权重为0.1964、实用新型专利量的权重为0.2084、高新技术产品出口额的权重为0.1964。这说明实用新型专利量指标对创新成果指标的贡献率最大，占比达20.84%；其次为专利授权量指标，占比为20.59%；贡献率最小的为科研成果数指标，占比为19.29%。这说明不仅专利申请量可以代表一个城市的科研创新能力，实用新型专利量指标更是创新成果转化的重要要素之一。其能明显反映一座城市科研创新的实用能力，较大程度影响城市创新发展竞争力的大小。

表 2-5　二级指标判断矩阵（创新成果指标 B）

指标	B1	B2	B3	B4	B5	权重
B1	1/1	4/5	2/5	1/2	2/5	0.1929
B2	2/5	3/5	1/1	3/4	2/3	0.2059
B3	3/5	1/2	2/3	1/2	1/1	0.1964
B4	1/2	2/3	3/4	1/1	1/2	0.2084
B5	3/5	1/2	2/3	1/2	1/1	0.1964

按照一级指标判断矩阵的分析计算方法和步骤，对创新动力指标下的生产总值能耗（C1）、居民人均可支配收入（C2）、PM$_{2.5}$年均浓度（C3）、地均 GDP（C4）4 个二级指标进行比较分析，最终得到判断矩阵和其一致性比率，如表 2-6 所示。创新动力 4 个指标的权重分别为生产总值能耗 0.3571、居民人均可支配收入 0.2857、PM$_{2.5}$年均浓度 0.1429、地均 GDP 0.2143。可以看出，生产总值能耗指标对创新动力指标的贡献率最大，占比达 35.71%；其次为居民人均可支配收入指标，占比为 28.57%；贡献率最少的为 PM$_{2.5}$年均浓度指标，占比为 14.29%。这说明生产总值能耗能明显反映一座城市创新发展的动力，在以科技创新引领城市发展，促进经济高质量发展中占据很重要的地位。

表 2-6　二级指标判断矩阵（创新动力指标 C）

指标	C1	C2	C3	C4	权重
C1	1/1	5/4	5/2	5/3	0.3571
C2	4/5	1/1	2/1	4/3	0.2857
C3	2/5	1/2	1/1	2/3	0.1429
C4	3/5	3/4	3/2	1/1	0.2143

将一级指标对总指标体系的权重值与二级指标对一级指标的权重值相乘，并进行汇总，得到每一个二级指标对总指标体系的权重，结果如表 2-7 所示。从表 2-7 中的 14 个二级指标可以看出，权重排名前三位的分别为生产总值能耗 C1、实用新型专利量 B4、专利授权量 B2，其权重分别达到 8.57%、8.33% 和 8.23% 左右，这 3 项指标占总权重的 25.13% 左右。由此可见，在建设科技创新城市中，城市的生产总

值能耗、实用新型专利量、专利授权量成为最重要的 3 个影响因素。

表 2-7 所有指标对总指标体系的权重汇总

指标	A	B	C	权重
	0.3602	0.3997	0.2401	
A1	0.1850			0.066637
A2	0.2123			0.07647
A3	0.1999			0.072004
A4	0.2042			0.073553
A5	0.1986			0.071536
B1		0.1929		0.077102
B2		0.2059		0.082298
B3		0.1964		0.078501
B4		0.2084		0.083297
B5		0.1964		0.078501
C1			0.3571	0.08574
C2			0.2857	0.03431
C3			0.1429	0.068597
C4			0.2143	0.051453

第二节 分项综合评价

一、数量标准化处理

将本章中的 14 项指标数据输入 SPSS 统计软件，使用 z-score 标准化方法，得到 9 个国家中心城市和 11 个副省级城市在 14 项指标上的标准化数据，由于新型研发机构、专业技术人员数量、R&D 经费投入、高新技术企业、R&D 经费支出占 GDP 比重、科研成果数、专利授权量、发明专利量、实用新型专利量、高新技术产品出口额、生产总值能耗、城镇居民人均可支配收入、地均 GDP13 项指标与城市创新发展竞争力均呈正相关，即数值越大，竞争力越强；$PM_{2.5}$ 年均浓度为逆向指标，即数值越小，竞争力越强。

二、分项评价及结果分析

通过分析各项创新指标得分，从 9 个国家中心城市来看，上海有 14 项优势指标，北京有 10 项优势指标，天津有 7 项优势指标，重庆有 6 项优势指标，成都有 5 项优势指标，广州有 9 项优势指标，西安有 2 项优势指标，武汉有 8 项优势指标，郑州有 3 项优势指标。第一层次为上海、北京、广州、武汉，优势指标数量较多；第二层次为天津、重庆、成都；第三层次为郑州和西安。

(一) 创新投入指标比较分析

1. R&D 经费投入

从 R&D 经费投入指标得分来看（见图 2-1），9 个国家中心城市的指标排名从高到低依次为：上海、北京、重庆、武汉、广州、西安、郑州、成都、天津。其中，上海、北京、重庆得分都在平均值以上；上海以 0.2132 分位列第一；武汉虽然得分低于平均水平，但在同级城市中排名第四；成都和天津得分在 9 个国家中心城市中排名最后两位，在未来的科技创新发展中，应增加科研投入。

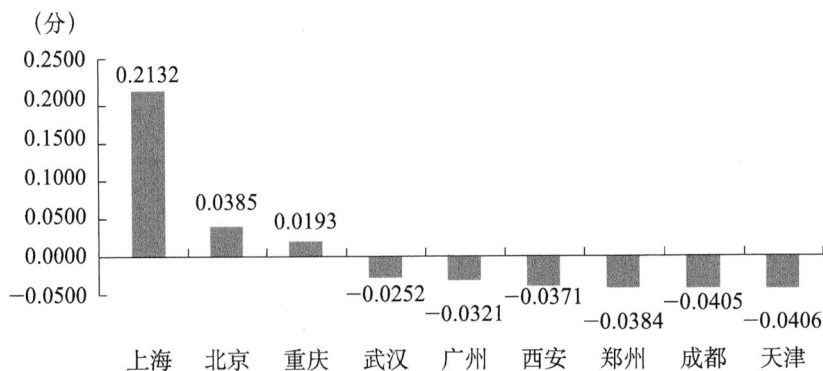

（分）

图 2-1 R&D 经费投入指标比较

2. R&D 经费支出占 GDP 比重

从 R&D 经费支出占 GDP 比重指标得分来看（见图 2-2），9 个国家中心城市的指标排名从高到低依次为：北京、武汉、上海、西安、成都、天津、重庆、郑州、广州。其中，北京、武汉、上海、西安、成都、天津得分都在平均值以上；北京以 0.1744 分位列第一；武汉在同级城市中脱颖而出，以 0.1219 分位列第二，充分表现出其对 R&D 投入的重视程度；上海以 0.0522 被武汉超越，排名第三；成都得分为 0.0064 分，虽然在平均分以上，但与前 4 个城市悬殊较大，在未来的城市创新发展中，要提升 R&D 经费支出占 GDP 的比重，为科技创新做好更加良好的保障。

（分）

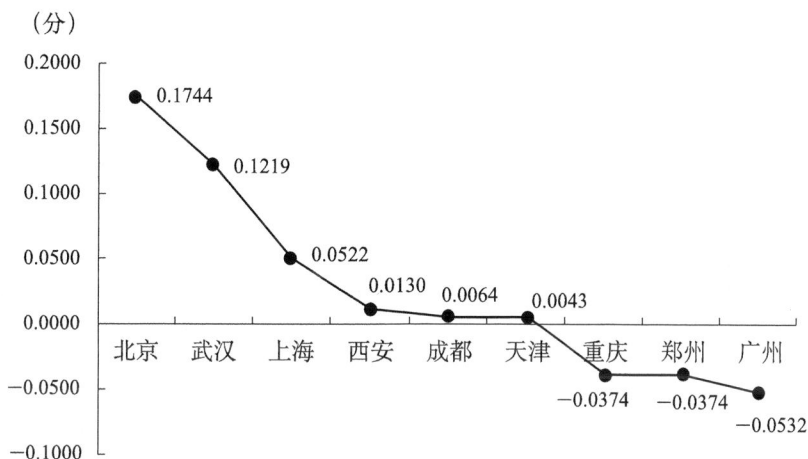

图 2-2 R&D 经费支出占 GDP 比重指标比较

3. 专业技术人员数量

从专业技术人员数量指标得分来看（见图 2-3），9 个国家中心城市的指标排名从高到低依次为：上海、广州、武汉、北京、重庆、西安、郑州、成都、天津。其中，只有上海、广州得分在平均值以上，上海以 0.4037 分位列第一，广州以 0.0934 分位列第二，但与第一位的上海差距较大。武汉得分虽然在平均值以下，但在同级城市中以一

0.0079 分位列第三，超过北京，说明武汉在专业技术人员投入方面下了大力气。成都得分为－0.0372 分，排名靠后；天津以－0.0377 分在 9 个国家中心城市中排最末位。因此，成都和天津应重视专业技术人员引进，尽快缩小与其他城市的差距。

(分)

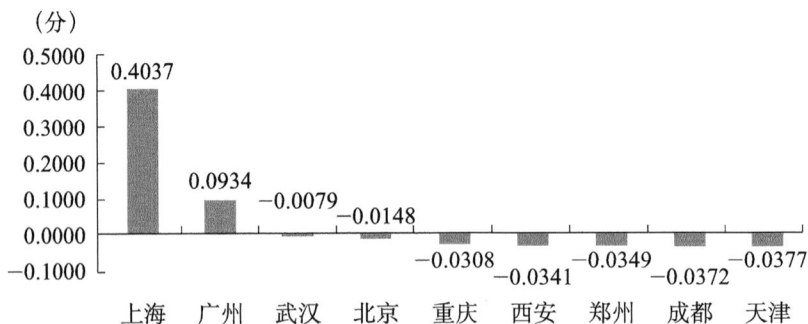

图 2-3　专业技术人员数量指标比较

4. 高新技术企业

从高新技术企业指标得分来看（见图 2-4），9 个国家中心城市的指标排名从高到低依次为：北京、武汉、广州、成都、天津、西安、上海、重庆、郑州。其中，只有重庆和郑州得分在平均值以下。北京以 0.2493 分位列第一，武汉以 0.0639 分位列第二，广州以 0.0634 分位于第三，但都与第一位的北京差距较大，充分表现出城市对高新技术企业的重视程度。成都、天津、西安、上海分别以 0.0529、0.0441、0.0408、0.0352 位于同一层次，城市之间得分差距不大。重庆和郑州分别以－0.0071 分和－0.0208 分位居 9 个国家中心城市的最后两名，这两个城市对高新技术企业的引入和扶持与其他 7 个城市还有较大差距，需下大力气。

5. 新型研发机构

《关于促进新型研发机构发展的指导意见》对新型研发机构进行界定：新型研发机构是指聚焦科技创新需求，主要从事科学研究、技术

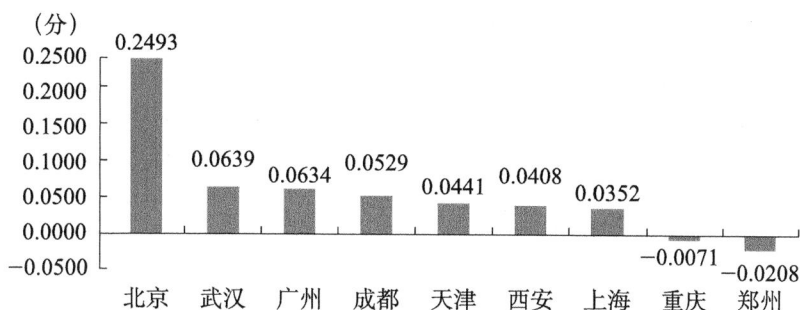

图 2－4　高新技术企业指标比较

创新和研发服务，投资主体多元化、管理制度现代化、运行机制市场
化、用人机制灵活的独立法人机构。截至 2022 年，全国新型研发机构
已超过 2000 家，规模效应初显。新型研发机构是科技创新体系的重要
形式，在产学研的融合和促进科技成果转化等方面发挥重要作用。从
新型研发机构指标得分来看（见图 2－5），9 个国家中心城市的指标排
名从高到低依次为：北京、重庆、天津、武汉、广州、郑州、上海、西
安、成都。其中，北京、重庆、天津、武汉、广州得分都在平均值以
上。北京以 0.1897 分位列第一，重庆以 0.0590 分位于第二，天津以
0.0301 分位于第三，武汉和广州分别以 0.0053 分、0.0018 分排名第
四、第五。武汉和广州虽然得分在平均值以上，但与北京、重庆、天津
有一定差距；成都以－0.0445 分位于 9 个国家中心城市中排名末尾，成
都推进科技创新和科技成果转化中需重视对新型研究机构的建设力度。

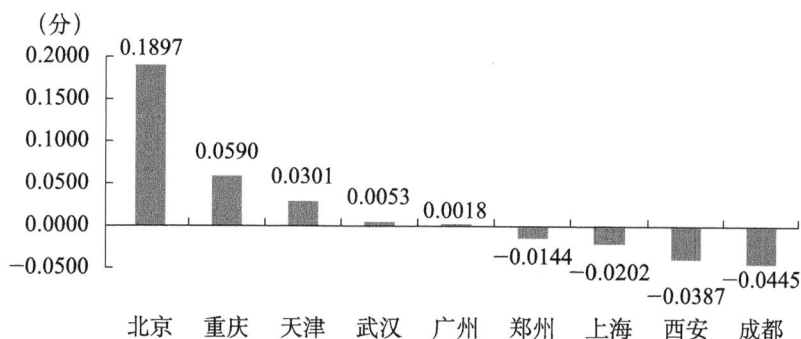

图 2－5　新型研发机构指标比较

（二）创新成果指标比较分析

创新成果指标包含科研成果数、专利申请量、专利授权量、发明专利量、实用新型专利量、高新技术产品出口额二级创新指标，创新要素包括各种创新知识、高新技术和生产经营方式等，创新能力主要体现在技术创新、产业创新和制度创新上，创新能力正是通过这些创新要素的合理配置来实现的。[①] 国家中心城市的发展离不开高新技术企业的发展，通过企业自身的科研力量进行相关的研发工作，从而满足最终的创新需求，此外还要依托当地的科技创新环境，把科研成果转化为实用新型专利，研发出属于自己的核心技术。

1. 科研成果数

从科研成果数指标得分来看（见图 2-6），9 个国家中心城市的指标排名从高到低依次为：重庆、天津、北京、上海、成都、武汉、郑州、广州、西安。其中，重庆、天津、北京、上海得分在平均值以上。重庆以 0.1153 分位列第一，天津以 0.0930 分排第二位，说明这两个城市在 2022 年获得不少成果。北京以 0.0346 分排第三位，但与前两名城市有不小的差距，上海的科研成果数指标得分与前几个城市同样差距较大。成都、武汉、郑州、广州、西安得分都在平均值以下，在科研成果方面处于劣势地位，在未来的城市科技创新发展中需要加强科技发展和科技创新能力。

2. 专利授权量

专利授权量是国家汇总城市科技创新发展水平的突出标志。从专

---

① 田美玲. 国家中心城市的理论与实践研究——以武汉市为例［M］. 经济管理出版社，2016：2.

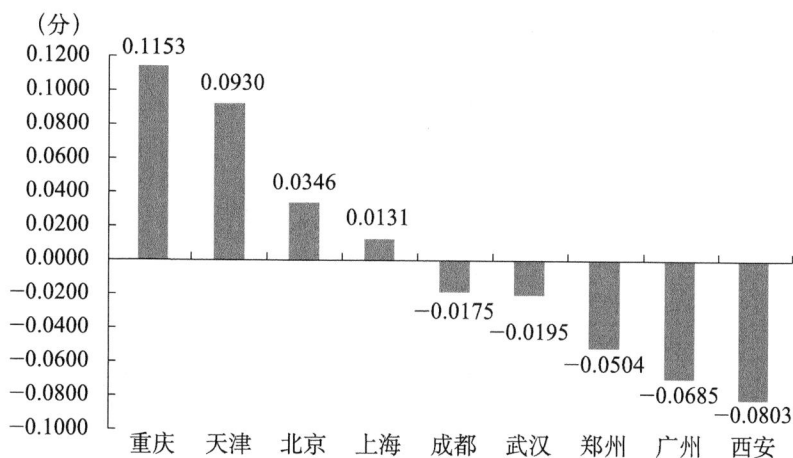

图 2-6 科技成果数指标比较

利授权量指标得分来看（见图 2-7），9 个国家中心城市的指标排名从高到低依次为：北京、上海、广州、成都、天津、重庆、西安、郑州、武汉。其中，北京、上海、广州、成都得分在平均值以上，北京以 0.2121 分位列第一，专利授权数量处于优势地位。天津、重庆、西安、郑州、武汉在专利授权量上处于劣势地位，在未来的城市科技创新发展中，不仅要进一步提升专利申请量，更要注重增加专利授权量。

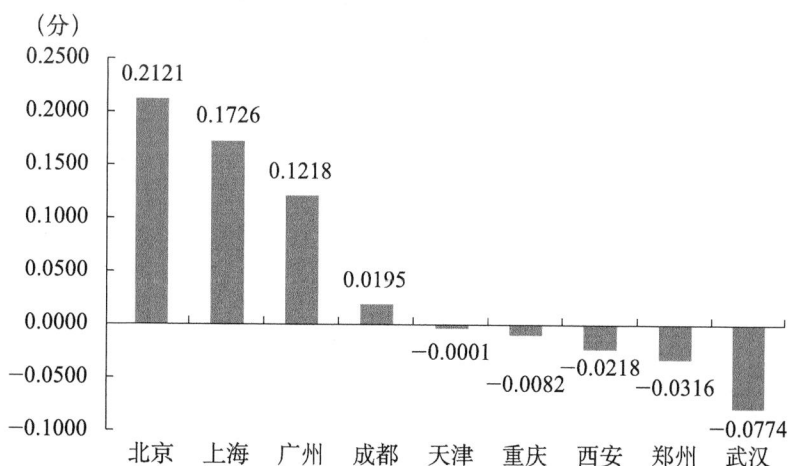

图 2-7 专利授权量指标比较

3. 实用新型专利量

从实用新型专利量指标得分来看（见图 2-8），9 个国家中心城市的指标排名从高到低依次为：天津、上海、北京、广州、武汉、成都、重庆、郑州、西安。其中，只有成都、重庆、郑州、西安得分在平均值以下。在专利创新中，实用新型专利量越高，越能反映城市的创新能力。在同级城市中，成都（−0.0090 分）低于武汉（0.0005 分），武汉的得分是其科技创新竞争实力的直接体现。排名前四的城市与武汉相比，优势明显。郑州和西安的得分分别为−0.0238 和−0.0277，在 9 个国家中心城市中排名最后两位，处于劣势，未来的城市科技创新发展中应重点发展实用新型专利。

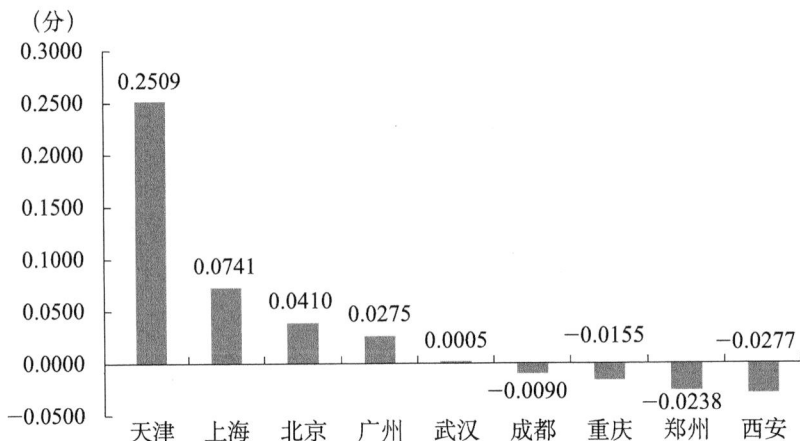

图 2-8　实用新型专利量指标比较

4. 高新技术产品出口额

从高新技术产品出口额指标得分来看（见图 2-9），9 个国家中心城市的指标排名从高到低依次为：上海、武汉、天津、广州、成都、西安、北京、郑州、重庆。其中，上海、武汉指标得分在平均值以上。天津、广州、成都、西安、北京、郑州、重庆 7 个城市相比较，天津位列第一，成都处于第三位。

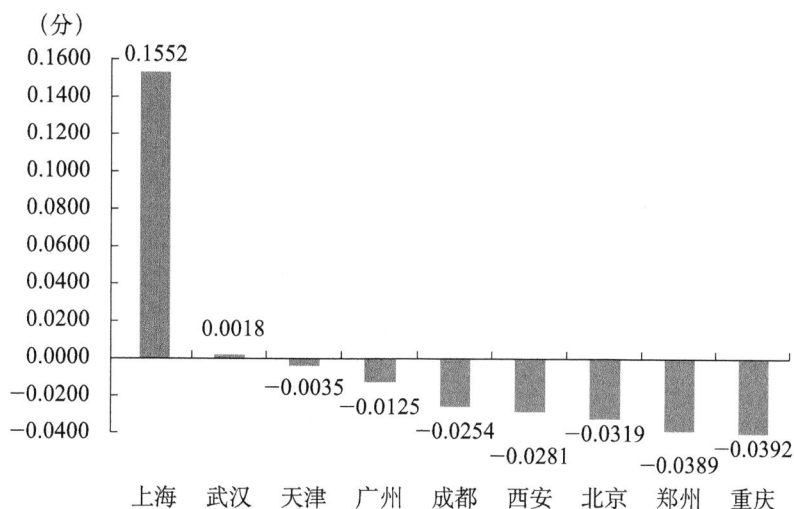

（分）

图 2-9　高新技术产品出口额指标比较

（三）创新动力指标比较分析

创新动力应落脚在生产力上，特别是新质生产力上。从经济学角度看，新质生产力突破传统经济增长方式，以高效能、高质量、高品质为基本要求，以数字化、绿色化、高端化为主要特征，以新质生产力推动生产方式与生活方式根本性变革，形成经济增长新模式，构筑创新发展新优势，是经济转型发展和区域创新的关键。新质生产力以科技创新为引擎，以新产业为主导，以产业升级为方向，以提升核心竞争力为目标，融合大数据、人工智能等前沿科技，更加注重发展质量和发展效益。应发挥创新动力引擎作用，持续赋能产业创新与升级。

1. 地均 GDP

地均 GDP 是反映一个区域发展程度和经济集中程度的重要指标，从 9 个国家中心城市地均 GDP 指标得分来看（见图 2-10），9 个国家中心城市的指标排名从高到低依次为：上海、广州、北京、郑州、武汉、成都、天津、西安、重庆。其中，上海、广州、北京、郑州、武汉指标得分都在平均值以上，上海以0.1620分排名第一，并与其他8个城市拉开不小的差距。武汉和成都的指标得分有一定差距，武汉以0.0079分位于平均分以上，成都以-0.0160分位于平均分以下，排第六名，成都、天津、西安、重庆的城市经济集中程度较低。

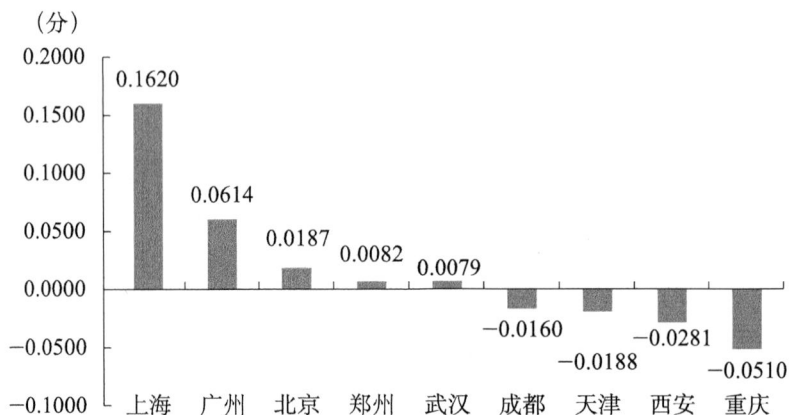

图2-10 地均GDP指标比较

2. 城镇居民人均可支配收入

城镇居民人均可支配收入可以反映我国经济社会发展阶段，也是创新动力的代表性指标之一，在未来的城市科技创新发展中，应注重消费对创新动力的转化。从城镇居民人均可支配收入指标得分来看（见图2-11），9个国家中心城市的指标得分排名从高到低依次为：上海、北京、广州、武汉、成都、天津、西安、郑州、重庆。其中，上海、北京、广州、武汉、成都指标得分在平均值以上，天津、西安、郑州、重庆位于平均值以下。上海得分（0.0755分）超过北京（0.0696分）。武汉、重庆、成都、郑州、西安、天津相比较，武汉（0.0155分）位列第一，成都（0.0073分）紧随其后。

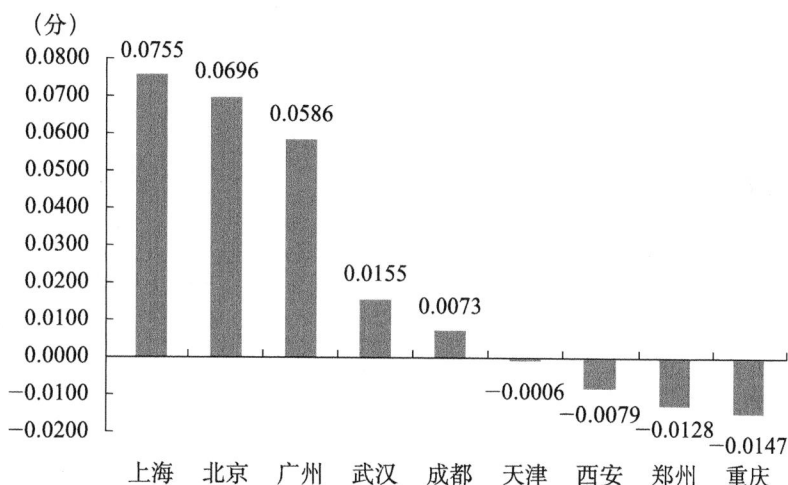

图 2 - 11　城镇居民人均可支配收入指标比较

3. PM$_{2.5}$年均浓度

PM$_{2.5}$年均浓度为逆向指标，是绿色发展的代表数据之一。从 PM$_{2.5}$年均浓度指标得分来看（见图 2 - 12），9 个国家中心城市的指标排名从低到高依次为：广州、上海、北京、成都、重庆、武汉、天津、郑州、西安。广州以 -0.1119 分排名第一。上海、北京、成都分别以 -0.0973分、-0.0731 分、-0.0682 分位列其后，与排名第一的广州有一定差距。9 个国家中心城市中，西安以 0.0336 分排在最后，在未来的城市绿色发展中，应注重促进传统产业的转型以增强城市科技创新动力。

4. 生产总值能耗

生产总值能耗为逆向指标，可直接反映经济发展对能源的依赖程度，即能耗越大，说明经济发展对能源的依赖程度越高；其次，该指标可间接反映产业结构状况、设备技术装备水平、能源消费构成和利用效率等多方面内容。从生产总值能耗指标得分来看（见图 2 - 13），9个国家中心城市的指标排名从低到高依次为：成都、武汉、北京、西

（分）

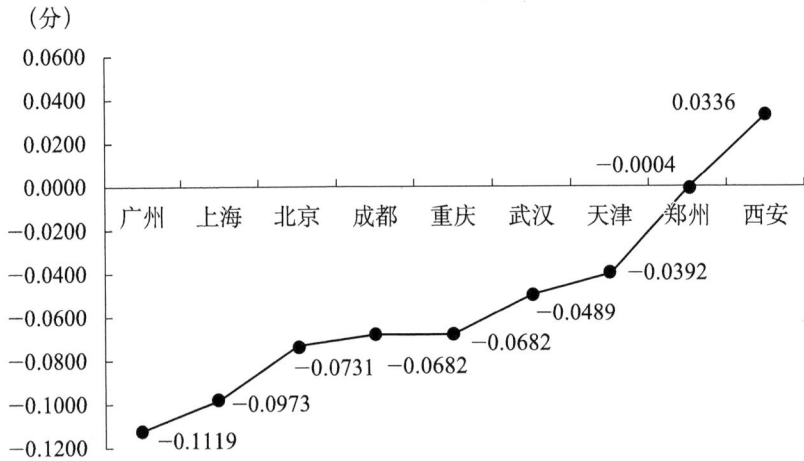

图 2-12 PM$_{2.5}$年均浓度指标比较

安、郑州、上海、重庆、广州、天津。成都以-0.1282分排名第一，说明成都经济发展对能源依赖程度较低。武汉以-0.0716分排名第二，北京得分为-0.0493分，西安与前三名城市得分相差较大，郑州、上海、重庆、广州、天津得分分别为0.0394分、0.0661分、0.1379分、0.1863分、0.1867，排名靠后，特别是天津排最后一位，说明经济发展对能源依赖程度较高，应在更新产业结构、提高能源利用效率上下大力气。

（分）

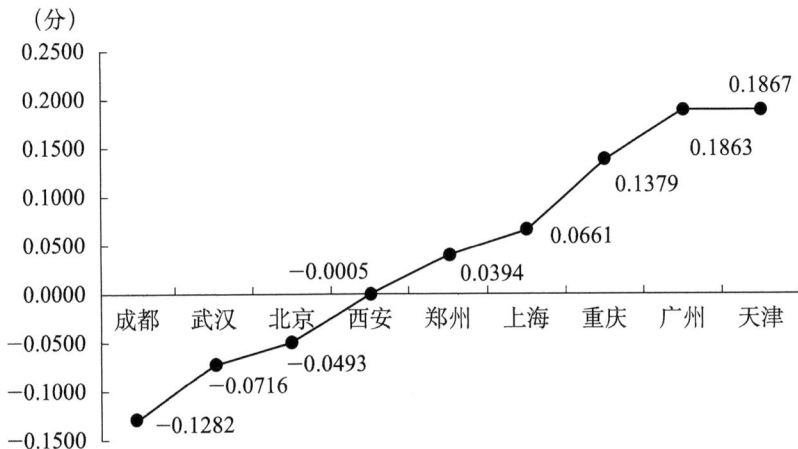

图 2-13 生产总值能耗指标比较

（四）创新综合指标分析

1. 创新投入

创新投入是指企业在技术创新、新产品研发、新工艺探索等方面的投入，这些投入包括人力、物力、财力、技术等各方面资源。在城市创新发展中，创新投入是推动经济增长和产业集聚的一个重要因素，该指标是影响城市化创新发展的重要因素之一，这是因为创新投入多的城市有充裕的资金用于科技创新基础建设，有利于优化产业环境。从9个国家中心城市创新投入指标得分来看（见图2-14），指标排名从高到低依次为：上海、北京、武汉、广州、重庆、天津、西安、成都、郑州。上海以0.6840分排名第一，北京以0.6371分排名第二，两座城市得分相差不大，但与其他7个国家中心城市拉开不小的差距。在9个国家中心城市中，西安、成都、郑州得分分别为-0.0562分、-0.0630分、-0.1459分，低于平均值。这3个城市得分指标也有一定差距，特别是郑州排名靠后，在未来的城市创新发展中，应更加注重通过创新投入来增强城市创新活力。

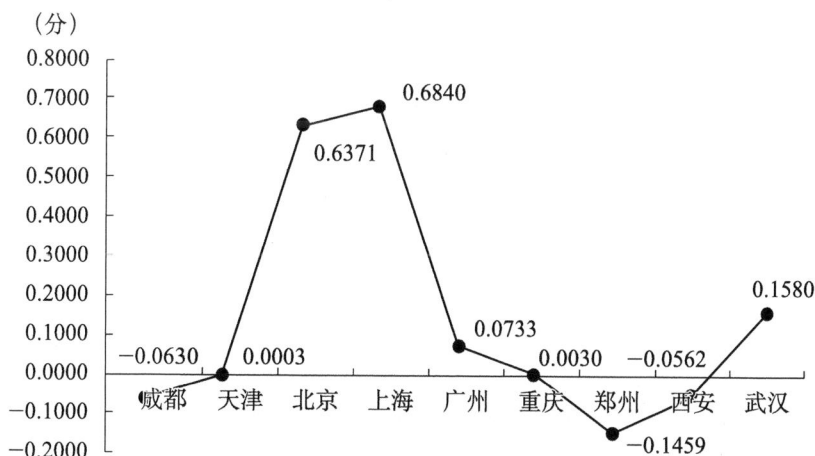

图2-14　创新投入指标比较

2. 创新成果

创新成果是城市创新能力的重要指标之一，为激发城市的创新能力需在科技成果转化率上下大功夫，我国在"十四五"开局之年就已经呈现强劲的创新"脉动"，如在深海产业方面已建设海洋卫星网络，收集海洋数据，在海洋生态治理上让我国拥有国际话语权，同时为海洋牧场产业发展作出较大贡献。从创新成果指标得分来看（见图2-15），9个国家中心城市的指标排名从高到低依次为：上海、北京、天津、重庆、广州、成都、武汉、西安、郑州。上海在该指标上的得分为0.7981分，北京以0.3870分排名第二，天津与北京得分差距不大，得分为0.3026分；成都、武汉、西安、郑州得分分别为-0.0528分、-0.1060分、-0.1838分、-0.1920分，位于平均值以下，说明这4个国家中心城市在创新成果的转化上与其余5个城市相比，还有一定差距，需在科技成果转化中下大力气。

（分）

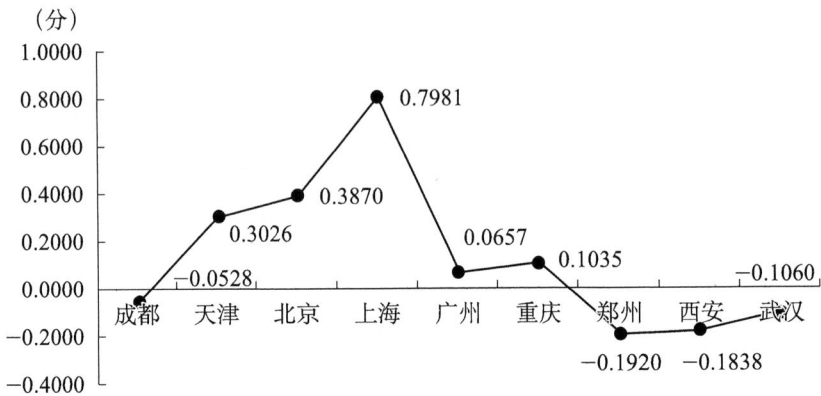

图2-15 创新成果指标比较

3. 创新动力

从我国经济社会发展来看，创新是推动发展的核心动力，其扮演着至关重要的角色，无论是新材料、新技术、新服务、新结构，科技创新都能优化产业结构，助推经济发展，因此经济相关指标是体现创新动力的重要数据。从创新动力指标得分来看（见图 2－16），9 个国家中心城市的指标排名从高到低依次为：上海、北京、成都、武汉、广州、郑州、西安、重庆、天津。上海得分为 0.2688 分，超过北京（0.2107 分），说明上海目前的创新动力比北京更加积极。成都以 0.1878 分超过同级城市，位于第三位，说明成都目前创新动力强劲，已将科技创新作为城市发展第一动力。郑州、西安、重庆、天津分别以－0.0436 分、－0.0690 分、－0.1354 分、－0.1670 分位于平均值以下。这 4 个城市的创新动力与其他国家中心城市相比有一定差距，在未来的城市科技创新发展中，应注重持续激发创新动力，推动城市经济高质量发展。

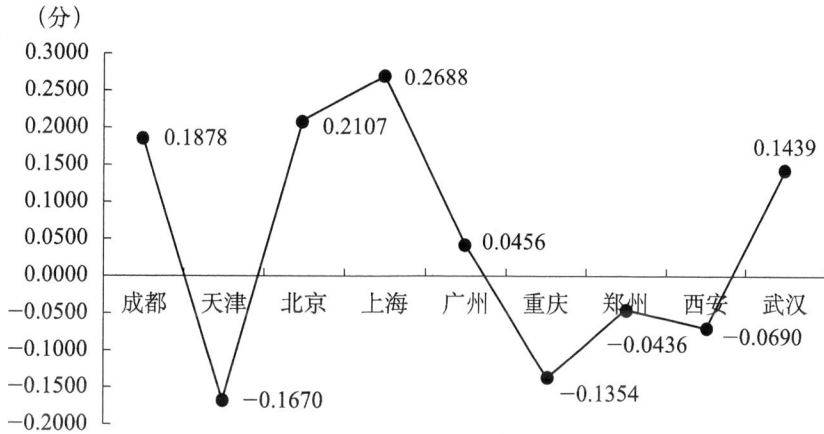

图 2－16　创新动力指标比较

第三节　城市科技创新发展的分类评价

从国家中心城市科技创新发展竞争力综合得分来看（见表 2－8），9 座国家中心城市的科技创新发展竞争力由高到低依次为：上海、北京、武汉、广州、天津、成都、重庆、西安、郑州。其中，上海以 1.75096 分排名第一，北京以 1.23492 分排名第二，两座城市远高于其他 7 个国家中心城市，属于第一梯队。武汉、广州、天津、成都为第二梯队，武汉以 0.19583 分排名第三。武汉近几年科技创新发展动力强劲，以科技创新作为现代化产业发展的引擎，以科技创新为城市发展挖掘新赛道，用新技术促进传统产业的转型升级，将转型发展作为武汉高质量发展的必经之路。广州得分 0.18460 分，与武汉相差不大。近年来广州持续提升科技创新能力，以创新之"脉"壮产业之"骨"，着力培育高质量发展的内生动力。天津是四大直辖市之一，科技创新发展的动力也相对较足。成都以 0.07206 分排名第六，成都聚焦推进科技创新和科技成果转化同时发力，有效推进具有全国影响力的科技创新中心建设，强化技术创新，持续优化科技创新体系建设。重庆、西安、郑州在 9 个国家中心城市中排名靠后，其中重庆是西部重要的中心城市，在科技创新发展竞争力各项指标上成绩单不够亮眼，排在第七位，城市综合得分均远低于同级城市。综合得分表明，在 9 个国家中心城市中，北京、上海这两座城市的创新发展竞争力遥遥领先，与其他国家中心城市之间拉开明显的距离，武汉的科技创新竞争能力持续增强，其他 6 个国家中心城市在推进城市高质量发展过程中应加快提升科技创新发展竞争力整体水平。

表 2-8　国家中心城市科技创新发展竞争力得分

城市名	创新发展竞争力	排名
成都	0.07206	6
天津	0.13591	5
北京	1.23492	2
上海	1.75096	1
广州	0.18460	4
重庆	−0.02887	7
郑州	−0.38142	9
西安	−0.30898	8
武汉	0.19583	3

根据表 2-9，排名第一的上海有 14 项优势指标。开放性和包容性是上海城市创新发展的重要特征，追求卓越也成为上海突出的城市品格。上海独特的城市创新发展优势吸引着世界各国的精英，他们也为上海带来各自领域的先进经验。目前，上海正在深入实施创新驱动发展战略，创新生态持续完善、创新活力蓬勃发展、创新产出加快涌现，已进入加快建设具有全球影响力的科技创新中心的关键阶段。《上海科技创新中心指数报告 2022》在浦江论坛上正式发布，上海科技创新中心指数分值的变化反映了近 7 年来上海科技创新发展的总体进程。整体看，指数综合分值呈现稳步增长趋势，特别是习近平总书记对上海作出"加快向具有全球影响力的科技创新中心进军"的重要指示以来，指数呈现加速提升趋势。2022 年，科技创业中心建设全面推进，取得突破性进展。上海全市规模以上工业总产值同比增长 0.9%，扭转了上年下降的态势。战略性新兴产业制造业总产值比上年增长了 1.6%，占规模以上工业总产值的比重为 26.7%，扭转了曾经的跌势。这充分体现了上海制造业对投资拉动的依赖程度进一步下降，创新动力进一步凸显。

表 2-9　国家中心城市科技创新发展竞争力主要优势指标

城市名	主要优势指标
上海	R&D 经费投入、R&D 经费支出占 GDP 比重、专业技术人员数量、科研成果数、专利授权量、发明专利量、实用新型专利量、高新技术企业、居民人均可支配收入、新型研发机构、PM$_{2.5}$ 年均浓度、生产总值能耗、地均 GDP、高新技术产品出口额
北京	R&D 经费投入、R&D 经费支出占 GDP 比重、科研成果数、专利授权量、实用新型专利量、高新技术企业、居民人均可支配收入、地均 GDP、PM$_{2.5}$ 年均浓度、发明专利量
武汉	R&D 经费支出占 GDP 比重、高新技术企业、新型研发机构、居民人均可支配收入、PM$_{2.5}$ 年均浓度、高新技术产品出口额、地均 GDP、实用新型专利量

续表

城市名	主要优势指标
广州	专业技术人员数量、专利授权量、实用新型专利量、高新技术企业、居民人均可支配收入、新型研发机构、$PM_{2.5}$年均浓度、生产总值能耗、地均GDP
天津	科研成果数、实用新型专利量、高新技术企业、$PM_{2.5}$年均浓度、R&D经费支出占GDP比重、新型研发机构、生产总值能耗
成都	R&D经费支出占GDP比重、高新技术企业、专利授权量、居民人均可支配收入、$PM_{2.5}$年均浓度
重庆	新型研发机构、科研成果数、发明专利量、$PM_{2.5}$年均浓度、生产总值能耗、R&D经费投入
西安	R&D经费支出占GDP比重、高新技术企业
郑州	$PM_{2.5}$年均浓度、生产总值能耗、地均GDP

排名第二的北京，深入贯彻创新驱动发展、京津冀协同发展等重大国家战略以及习近平总书记系列重要讲话精神，把创新摆在发展全局的核心位置，着力激发创新创业活力，发挥创新激励经济增长的乘数效应，率先形成以创新为主要引领和支撑的经济体系和发展模式，较好地完成了"十三五"规划目标任务，并在"十四五"初期进行良好布局，正成为创新资源最聚集、创新成果最多、创新创业最活跃的地区。首先，在资本投入方面，北京研发经费支出占地区生产总值在6％以上，数字经济增加值占全市GDP的比重约为42.9％；北京协同创新和产业协作得更加紧密，协同创新促进成果转化，制定出促进科技成果转化协同推动京津冀高精尖重点产业发展工作方案，共同建设京津冀国家技术创新中心，建立京津冀科技成果转化供需清单联合发布线上平台、累计发布科技成果和开放许可专利127项，北京向津冀输出的技术合同成交额748.7亿元、同比增长1.1倍。三地协同编制完成6条重点产业链图谱，启动产业链"织网工程"，生命健康、电力装备产业集群入选国家先进制造业集群名单。积极搭建产业对接平台，举办京津冀产业链供应链大会、京津冀基金与企业融资对接会、京津产业握手链接洽谈会等联合招商活动，签约项目超200个、意向投资

额超 1500 亿元。[①] 其次，北京全力推动科技与经济社会发展紧密结合，加快科技服务业等高端服务业发展，优化首都"高精尖"经济结构、推进国际一流和谐宜居之都建设，在打造具有示范引领功能的国家创新驱动先行区方面亮点突出，高技术产业和知识密集型服务业的战略性先导地位也更加突出，对产业结构调整和经济发展方式转变发挥着重要作用。

排名第三的武汉，有 8 项优势指标。虽然武汉具有 3500 年的文明传承，还有丰富多彩的民俗技艺资源，但以往武汉创新发展资源利用、整合力度不足，导致创新发展资源的产业发展明显滞后，没有形成良性循环，创新成果弱化，创新行为活跃性自然不高。虽然武汉高校云集，一流学科建设高校与其他城市相比相对较多，但无法吸引大量的高端人才，并且人才流失严重。自从武汉在 2022 年 4 月获批建设具有全国影响力的科技创新中心，武汉将打造光谷科学岛作为科创中心建设的重要抓手，全力推进以东湖科学城、光谷科技创新大走廊、武汉都市圈为主体的武汉科创中心建设，壮圈带群，集聚高端人才发挥重要作用，大力夯实科学基础研究，在短短几年时间，城市科学创新竞争力逐渐增强。世界知识产权组织《2023 年全球创新指数报告》显示，武汉在全球科技集群排名中位列第 13 位。

排名第四的广州，有 9 项优势指标，从科技创新竞争力处于弱势逐渐走到排名第三的位置。广州有着悠久的历史，但以前在国际及公众的认同度方面整体较低，再加上大批创新发展名人纷纷北上，广州的城市科技创新发展竞争力出现下滑的趋势。无论从 R&D 经费投入、科研成果、专利申请量看，还是从高新技术企业发展等方面看，广州

---

① 北京市 2023 年国民经济和社会发展计划执行情况与 2024 年国民经济和社会发展计划的报告［EB/OL］. https：//mp. weixin. qq. com/s?＿＿biz＝MzA5NDY5MzUzMQ＝＝&mid＝2655551108&idx＝1&sn＝f72c94881c32de2affb6cd226fbe5ed3&chksm＝8bf66f70bc81e6661832761bf9e5c3043f63e6958aaf1755e35bbdc1b57cdd2504fb2a3a199e♯rd.

与其余先进城市相比都存在显著的差距。近年来，广州在城市创新发展中积极推动创新发展转型，二次创业从"新"出发，重视基础研究，实现多项"0"到"1"的科技突破，大力培育和发展新质生产力，实现传统产业的转型，着力培养城市高质量发展新动能，推动创新链与产业链深度融合，推动科技创新由变量转化为高质量发展增量，交出漂亮的成绩单。

排名第五的天津，有 7 项优势指标。与上海相同，天津也是近代兴起的新兴城市，包容性成为天津城市创新发展最核心的特征，务实、创新和保守在天津的城市创新发展中并存。但是天津长期以来缺少向周边地区的学习和交流，导致创新发展实力亮眼程度不高。目前天津聚焦京津冀协同发展，深化京津冀科技创新协同，共建京津冀国际技术创新中心，成为提升科技创新增长引擎能力的重要举措。天津以推进京津冀协同发展为战略牵引，积极融入和服务北京国际科技创新中心建设和雄安新区发展，加快推进国家技术创新中心天津中心做实做强，为区域经济发展提供了强劲内生动力和持续创新活力，培育了区域经济发展新动能。2024 年，天津市科学技术局与北京京津冀国家技术创新中心签署《共建京津冀国家技术创新中心天津中心备忘录》，进一步提升区域科技创新增长引擎能力，以科技创新推动产业创新，发展新质生产力，推动京津冀协同发展走深走实。

排名第六位的成都在 2016 年被确立为国家中心城市，这座已经有着 2300 多年建城历史的城市迎来了千载难逢的历史机遇。在科技创新发展竞争力中有 5 项优势指标：R&D 经费支出占 GDP 比重、高新技术企业、专利授权量、居民人均可支配收入、$PM_{2.5}$ 年均浓度。但在其他指标方面，特别是创新投入方面，成都还有很大的提升空间。成都具有的创新氛围似乎是一个与生俱来的存在，主要体现在大型商贸活动、会展、国际赛事、创新创业、新经济指数等方面，成都通过五大抓手〔加快建设具有全国影响力的科技创新中心，深化川渝科技创新合作，加快西部（成都）科学城和成渝（兴隆湖）综合性科学中心建设，推动中国（绵阳）科技城高质量发展，布局建设成渝中线科创走廊〕落实科技创新和科技成果转化同时发力，更加重视市场在成果转化中的作用，打造高能级创新平台，加强原创性引领性科技攻关，加快突破一批关键核心技术，加速推进科技成果转移转化。2024 年，成都市产业建圈强链工作领导小组印发《成都市产业建圈强链 2024 年工作要点》，专门关注中试对增强产业核心竞争能力的作用，提出加快建设西部中试中心，以中试平台为创新资源集聚枢纽，推动科技成果加速产业化，加快建设电子信息、航空航天、生物医药等领域急需紧缺中试平台，重点推进建设蜂鸟智能智造、文澜智谷等中试平台，使其成为加快科技创新的助推器和实验室与大市场的连接器，是科技成果转化为新质生产力的关键环节。成都需要利用好中试这个创新成果转化的关键阶段，加快建设西部中试中心，让更多科技成果落地生金。

总体而言，成都是目前创新发展氛围最好的城市之一。这样良好的创新发展氛围显然非常有利于推动新经济的发展，激发城市动力，成都在专利授权量和实用新型专利方面都有明显优势。在未来的城市创新发展中，提高成都城市创新发展竞争力，首先必须要把创新发展产业列为成都未来经济发展的战略性支柱产业加以优先发展，推动成都创新发展走向全球。其次，成都应注重培育天府人文精神。把天府创新发展作为培育社会主义核心价值观和城市精神的丰厚滋养，统筹推进城乡公共创新发展服务，保障和发展创新发展民生，在全国率先实现创新发展小康，并着力提高创新发展产品的有效供给，满足城乡群众多样化的精神创新发展生活，培育创新发展消费，陶冶道德情操。在成都软件产业快速发展的基础上，促进电子软件、休闲娱乐、信息技术与文博出版、创意设计与创新发展艺术等领域的结合，提升创新发展产业的科技水平，形成创意产业的现代化产业形态。同时还要进一步加快创新发展软件服务、创新发展信息服务以及数字出版服务的发展，激发天府创新发展活力。

排名第七位的重庆，有 6 项优势指标。重庆是我国土地面积最大的城市，也是我国西部最大的中心城市。近年来，重庆通过扎实推进以科技创新为核心的全面创新，实施创新驱动发展，创新能力处于中西部前列。从数据来看，2023 年重庆新认定高新技术企业 3071 家、新增科技型企业 15535 家，高新技术企业和科技型企业分别增长 19.2%、36.1%，技术合同成交额达到 865.1 亿元，增长 37.2%，① 体现了重庆在提高科技创新发展竞争力方面作出的努力。从科技成果转化来看，重庆以生成高新技术企业为定位，以重大原创科技成果转化为核心，解决"从哪来、怎么评、如何育、怎么用、怎么退"的全周期五大"卡脖子"的核心难题，激发转化动力，集聚市场化资源，明确成果转化路径，推动科技成果从"实验室"通过"生产线"走向市场化，助推城市创新发展。

排名第八位的西安，在 2018 年被确立为第 9 个国家中心城市。2018 年，国家发展改革委发布《关中平原城市群发展规划》，详细提出"建设西安国家中心城市"的要求，如打造西部地区重要的经济中心、对外交往中心、丝路科创中心、丝路文化发展高地、内陆开放高地、国家综合交通枢纽，建成具有历史创新发展特色的国际化大都市。从详细指标来看，西安在创新发展竞争力中有且仅有 2 项优势指标：R&D 经费支出占 GDP 比重和高新技术企业。除这 2 项指标外，其他指标方面还有很大的提升空间，科技创新发展力度还需进一步加强。2022 年底，西安获批建设具有全国影响力的科技创新中心。目前，西安已经形成了电子信息、汽车、航空航天、高端装备、新材料新能源 5 个千亿级的硬科技产业集群。其中，航空航天产业尤为突出，被誉为

---

① 孙磊.2023 年重庆社会研发投入 750 亿元，综合科技创新水平西部第一［EB/OL］. https://baijiahao.baidu.com/s? id=1792333091005969258&wfr=spider&for=pc.

"中国航空城""航天动力之乡"。航天领域国家级重点实验室 12 个，科研人员逾万人，集聚了国内航天 1/3、航空 1/4 的科研生产力量。同时，西安正在打造商业航天产业聚集区，引导培育技术创新、产品成熟的商业航天企业，优化商业航天在整个航天产业链中的布局。在西安，借助商业航天快速发展，特别是西安本地完整的产业链和应用场景优势，这个领域的创新团队正在不断涌现。

　　排名第九位的郑州，只有 3 项优势指标。除了生产总值能耗、地均 GDP 和 $PM_{2.5}$ 年均浓度这 3 项优势指标外，其余指标还有很大的提升空间。郑州是一座历史与现代交汇的城市，古老而又年轻。近年来，郑州经济快速发展，人口持续集聚，产业加快转型，发展活力充盈，环境持续改善，但从城市创新发展竞争力看，离国家中心城市建设的目标还有很大差距。过去郑州只是普通的省会城市，教育发展水平和科技创新水平均相对较低，唯有抓住建设国家中心城市的历史机遇，从科研规划、科技创新平台的搭建吸引高端人才、创新发展设施的建设、提高创新动力等方面下大力气。从优势指标绿色发展来看，2023 年以来，郑州市把绿色低碳转型作为十大战略之一深入实施，大力推进人与自然和谐共生的美丽郑州建设，智能化绿色化是制造业走向高端的必由之路，2023 年，郑州市增加产业"含绿量"提升发展"含金量"，以降碳减排、绿色化改造为重点，"双碳"行动稳妥推进。"1＋11＋7"碳达峰政策体系加快构建，新培育省级以上绿色工厂 22 家、绿色园区 1 个，完成 12 家重点企业节能改造，高耗能产业占规上工业比重降至 25.8%，全市 $PM_{2.5}$、PM_{10}、优良天数等主要指标完成省定目标，污染防治攻坚战成效显著，郑州正在变得更加宜居、宜业、宜游、宜人，市民获得感、归属感、幸福感不断提升，越来越多的人才选择落户郑州。

　　从 20 个城市的科技创新发展竞争力指数排名来看（见表 2－10），

排名依次为：上海、北京、深圳、武汉、天津、广州、成都、重庆、厦门、南京、宁波、杭州、西安、青岛、济南、长春、郑州、沈阳、哈尔滨、大连。上海和北京在科技创新综合得分为第一梯队，分别为2.27335分、1.62197分，与其他18个城市拉开较大差距。武汉、成都、重庆3个国家中心城市相比，成都在20个城市中位列第七，与排名第四位的武汉相比较弱。重庆以0.20654分排在第八位，还有很大的提升空间。南京作为副省级城市在创新发展竞争力上排名第十。南京作为东部发达城市，不仅经济发展水平高，科研资源得到稳定保障，打造了国家区域科技创新中心核心承载区、国家战略科技力量承载区，并运用科创金融赋能，进一步推动科技—产业—金融良性循环，加速打通科技成果转化"堵点"。截至2024年5月，南京已设立各类科创金融专营组织60余家，建设了一批科创金融服务驿站和对接平台，推出200余款科创金融专属产品，打造了"宁科投""宁创融""宁科贷"等服务品牌。其中，"宁科贷"累计发放贷款超2500亿元，为科技型企业提供精准高效的金融服务。同时，南京发布了《2024年度南京市建设科创金融改革试验区工作要点》，将从强化科创金融供给和产品创新、持续优化科创金融生态等方面推出系列举措，从而更好地推动科技与金融深度融合，积极推动南京企业科技成果转化，助力南京构建充满活力的科技创新生态系统，这也深刻反映出南京具备了冲击下一轮国家中心城市的创新发展竞争实力。哈尔滨、长春、沈阳、大连、济南这5个北方城市虽然近年来经济发展受阻，但哈尔滨和长春在城市创新发展竞争力上也有其独特优势，可以向国家申请列入国家中心城市建设名单。杭州虽然在副省级城市中具有突出优势，但在20座城市科技创新发展竞争力综合得分排名中位于第十二位，竞争力有所减退。为缩短与国家中心城市建设目标的差距，杭州更要注重激发创新动力，加强创新主体的积极性，从而提高城市科技创新发展竞争实力。厦门作为副省级计划单列市的代表，经济发展程度较高，科技创新发展竞争力在 20 个城市中排名第九位。厦门正在成为新型显示产业的重要集聚区，建设具有厦门特色的创新区域，积极探索如何借助"数智化"技术优化生产要素配置，提高科研与生产的协同效应，科技创新发展竞争实力不可忽视。深圳在 20 个城市中排名第三，主要表现为深圳在科研成果、创新动力上都有较强的竞争力，说明深圳为了提高创新发展实力也作出不少努力，深圳正加快建设具有全球重要影响力的产业科技创新中心。随着基础研究和关键核心技术持续取得突破成绩，2023 年深圳地区生产总值更是实现了 6.0% 的较快增长，深圳将新质生产力作为城市创新的主导作用，逐渐摆脱传统的经济增长方式，打造具有高科技、高效能、高质量的先进生产力质态。对深圳上市公司近年年报数据的分析显示，战略性新兴产业生产率水平高于传统行业生产率水平，2022 年战略性新兴产业领域上市公司人均薪酬为 19.0 万元，高于深圳上市公司人均薪酬 18.0 万元。[①] 深圳凭借科技产业化的先发优势和雄厚实力，培育发展新质生产力后劲十足，综合创新生态将进一步优化。

表 2 - 10　20 个城市科技创新发展竞争力指数排名

分类	城市名	科技创新发展综合竞争力	排名
9座国家中心城市	成都	0.24047	7
	天津	0.38376	5
	北京	1.62197	2
	上海	2.27335	1
	广州	0.32394	6
	重庆	0.20654	8
	郑州	−0.28120	17
	西安	−0.17544	13
	武汉	0.42700	4

---

① 董晓远，廖明中，张超. 深圳是原创性颠覆性科创成果转化首选地［EB/OL］. https://www.dutenews.com/n/article/7985006.

续表

分类	城市名	科技创新发展综合竞争力	排名
11座副省级城市（含计划单列市）	深圳	1.41322	3
	南京	0.19544	10
	沈阳	−0.31760	18
	济南	−0.26244	15
	杭州	0.05821	12
	哈尔滨	−0.33984	19
	长春	−0.27176	16
	大连	−0.34293	20
	青岛	−0.20008	14
	厦门	0.20092	9
	宁波	0.07107	11

本章小结

　　城市创新发展作为一个复杂的整体，在开放和竞争的大环境中，以现有的自然、经济、政治、科技和制度创新发展等方面的综合比较优势为基础，以城市创新发展各要素间的竞争协同为运行方式，最终形成的凌驾于现实和潜在的竞争对手之上的赢得持久竞争优势的独特能力，这种能力也体现在它对本地区经济、政治、社会生活及国际创新发展环境的影响力上。本章以城市创新发展竞争力评价指标体系为基础，选取了9个国家中心城市和11个副省级城市的数据进行了实证研究，以期发现城市创新发展竞争力方面的问题，为城市创新发展综合竞争力提升措施的制定提供参考。

　　创新发展已成为现代世界城市发展的新引擎，修正了人们关于世界城市核心功能的理论认识：应该警惕单纯依靠金融保险等高端生产者服务业功能的局限性，拓宽全球生产网络、研发创新、发展创意等新的因素。世界各个城市开始关注自身的经济结构转型，尤其不断对主导产业的发展方向进行新的审视和调整。各国也不约而同地谋求通过科技创新和发展创意，形成新的增长驱动力，开启了现今的创新竞争的新一轮竞争。创新发展对于城市发展的推动作用体现在城市发展产业自身的经济意义上，为提高城市创新竞争力，应坚持市场主导，按照城市自身水平，加快创新发展速度。创新发展要适应现有经济形势新变化，依靠科技进步、创新劳动者素质提高、科技管理创新驱动，冲破传统意识形态观念的束缚。未来科技的创新将会催生更多的新兴产业发展形态，为增强创新发展实力，各个城市必须在科技创新中下大力气。

第三章

我国科技成果及转化现状

第一节　我国科技成果趋势分析

随着国家层面、区域层面、产业层面及企业层面等对科技创新的高度重视，科技经费投入和人员投入不断加大，我国科技成果产出数量也取得可喜的成绩，现从表征基础研究的科技成果的科技论文数量、表征应用研究和试验发展研究成果的专利数，以及反映科技成果交易的指标，如技术市场成交额三个方面，选用《中国科技统计年鉴》《中国统计年鉴》和其他相关公开统计数据，以发展趋势、区域分布和国际比较的角度，对我国科技成果基本状况进行分析。

根据全国 31 个省、自治区、直辖市，16 个计划单列市及副省级城市，以及 28 个国务院有关部门上报的科技成果数据统计，2022 年全国登记科技成果共 84324 项，比上年增长 7.2%。其中，全国共登记应用技术类成果 74438 项，增长幅度较为明显，达到 60.23%；应用技术成果中，产业化应用项目数约占 45.35%，高新技术领域成果 50244 项，约占应用技术成果总量的 67.5%。其中"先进制造""电子信息""新材料""现代农业""生物医药与医疗器械"成果占比最高，成果总量达到 41446 项，占到高新技术领域成果总量的 82.49%。基础理论类成果数量基本维持小幅增长趋势；软科学类成果数量波动较小，基本维持在同一水平。2018—2022 年，科技成果登记总量呈上升趋势，成果总量从 65720 项上升为 84324 项，年均增幅为 6.43%。说明随着全社会 R&D 投入的快速增长（从 2015 年的 1052.5 亿元增长到 2022 年的 7063.6 亿元），推动了科技成果的大量产生。

国家科技成果登记工作平台数据显示，2022 年地方登记科技成果 76996 项，占全国登记总量的 91.31%，同比增长 8.68%。科技成果登记数量排名靠前的 5 个省（市）分别为安徽、浙江、广西、山东、陕西；登记数量增长较快的 5 个省（市）分别为北京、江西、辽宁、安徽、重庆。2018—2022 年，地方登记科技成果总量呈逐年增长趋势，2022 年相比 2018 年增长了 42.93%。

第二节　城市科技成果转化效率分析及转化系统存在的问题

一、科技成果转化效率分析

近 20 年，中国科技论文、专利数量和技术市场交易额等增速明显，且数量较大，同时科技经费投入和人员投入也处于明显的上升趋势。在科技投入与产出均递增的趋势下，科技成果转化的效率是值得关注的问题，因为成功的科技成果转化是企业在瞬息万变的市场变化中得以生存的关键。Nevens 等（1990）指出企业尤其是新企业的成功或失败取决于其是否在科技成果商业化方面作出巨大努力；Cheng（2009）认为科技成果转化能力在组织资源、创新能力与新投资项目之间起着中介作用；张运华（2008）对我国高校科技投入及成果转化效率进行分析，研究表明相对于投入效率而言，科技成果转化效率偏低；吴和成（2008）对我国高技术产业 R&D 效率进行分析，得到有些高技术产业效率较低的结论。[①] 通过选择变量，搜集中国各地区科技投入和产出数据，运用 DEA 模型对科技成果的转化效率进行评价。

本部分选取了大中型企业消化吸收经费来表征，主要是因为企业消化吸收经费直观反映了企业对引进技术的掌握、运用、商业化的资本投入。关于人力投入指标，本部分选取试验发展的 R&D 人员全时当量，之所以选取这个指标，主要是因为试验发展把通过基础研究和应用研究所获得的知识转变成可以实施的计划，它一般以开辟新的应用为目的，能够很好地反映科技成果转化中的人力资本投入。

关于科技成果转化的产出指标，林江等（2011）认为应采用新产品销售收入、新产品产值、技术市场成交额、高技术产业规模以上企业增加值等，本部分选取大中型企业新产品销售收入指标来表征。因为刘家树等（2010）研究指出科技成果转化，主要是如何将科技项目和专利运用到生产领域，将技术转化为生产力，使其产品化，成为新产品并最终转化为新产品销售收入。本部分研究的是中国各地区科技成果转化绩效情况，由于专利的知识属性，从研究中获得新的知识并将其用于生产需要经过一定时间，即具有滞后性。官建成等（2005）研究表明知识的滞后时间一般是 2～3 年；同时，通过分别对滞后 1 期、2 期和 3 期的模型估计，根据计量 DEA（data envelopment analysis，数据包络分析）方法（用数学规划模型来评价相同类型的多投入、多产出的决策单元是否技术有效的一种非参数统计方法，是分析决策单元投入产出效率的重要工具之一）[②] 考察科技成果的转化效率问题。在科技成果一定的前提下，目标是测算该地区能否进一步地增加科技

① 刘家树．基于创新链集成的科技成果转化研究 [D]．南京航空航天大学，2015.
② 朱金龙，孙雁飞，王晓冬．基于超效率 DEA 的高校重点实验室科研效率评价与分析 [J]．科技与管理，2018（4）.

成果的转化率；综合考虑 DEA 的相关模型，选择基于产出角度的 DEA 模型。[①] 运用 DEA 模型评价科技成果转化效率，关键是对决策单元的投入指标和产出指标的确定。现从科技成果转化过程中的知识要素、资金要素和人力要素三个方面综合考虑，确定决策单元的投入指标；从科技成果转化的现实效果出发确定决策单元的产出指标。关于科技成果转化投入指标的选择，徐晨等（2010）从资本投入和劳动投入两方面选取，具体的指标为 R&D 经费支出额和 R&D 人员全时当量。Chapple 等（2005）在测算大学技术转移办公室技术转移效率时，选择资本投入、劳动投入和发明数作为投入指标。考虑到成果转化过程中的知识要素，选择专利授权量来表征知识方面的投入。由于之前各年间的专利量都有被转化的可能，此处专利授权量应选取存量指标。关于专利授权量存量的计算，可采用"永续盘存法"，其中 0i，tP 表示第 i 地区（省）0t 年的专利授权量，0i，tAP 表示基期区域内专利授权量存量，ig 为区域 i 内专利在近 5 年的增长率，选择 2018 年为起始年，采用 Caballero 和 Jaffe（1993）的折旧率，取 0.1，根据递归公式来估算 i，检验的标准判断，最终选择滞后 2 期比较理想，即专利授权量存量指标为 2022 年数据，原始数据均来自 2023 年《中国科技统计年鉴》。

二、科技成果转化效率分析结果

选用 Out-Oriented 的 VRS 方法，运用 DEAP 软件，选取了 18 个城市，分析得到各个单元的大中型工业企业的科技成果转化总效率、纯技术效率和规模效率（见表 3-1）[②]。

---

① 王兆华，张斌，何森雨. 供应链上制造型企业绿色技术选择与升级策略 [M]. 国家出版基金项目·绿色制造丛书. 机械工业出版社，2021：243.
② 刘家树，菅利荣. 科技成果转化效率测度与影响因素分析 [J]. 科技进步与对策，2010（20）.

表 3-1 科技成果转化效率分析

城市	总效率	纯技术效率	规模效率	规模回报
北京	1.000	1.000	1.000	—
天津	1.000	1.000	1.000	—
长春	0.388	0.401	0.968	drs
哈尔滨	0.458	0.566	0.808	drs
沈阳	1.000	1.000	1.000	—
上海	0.804	1.000	0.804	drs
南京	0.914	1.000	0.914	drs
杭州	0.432	0.698	0.619	drs
厦门	1.000	1.000	1.000	—
济南	0.778	1.000	0.778	drs
郑州	0.452	0.606	0.746	drs
武汉	0.683	0.788	0.866	drs
广州	1.000	1.000	1.000	—
深圳	0.804	0.833	0.965	drs
重庆	1.000	1.000	1.000	—
成都	0.343	0.411	0.833	drs
西安	0.592	0.787	0.752	irs
平均值	0.638	0.761	0.845	—

从总效率角度分析，中国科技成果的转化效率不高，总效率的均值仅为 63.8%，标准差为 0.283；各省市的总效率分布较分散，其中，北京、广州、天津、厦门、重庆为有效的，构成代表城市成果转化的效率前沿面。东部地区效率最高，其次是中部地区。

从纯技术效率角度分析，全国平均水平为 76.1%，标准差为 0.249；有效决策单元数为 8 个，分别是北京、上海、天津、成都、杭州、广州、重庆、武汉，占总数的 44%。东部地区纯技术效率仍然排在第一位，呈现"东高西低"的特征。

从规模效率角度分析，18 个城市的成果转化效率的平均值为 84.5%，中部地区规模效率最高，其次是东部；从标准差数值来看，中部地区规模效率相比东、西部也更为稳定，差异较小。

从分析来看，在科技投入与科技产出均呈递增趋势下，以各城市为决策单元进行成果转化效率评价，对深入认识我国科技创新问题尤为重要。本部分从知识要素、资金要素和人力要素出发，选取决策单元的投入指标，从科技成果转化为实际新产品的角度选择决策单元的产出指标，利用 DEA 模型对中国科技成果转化效率进行评价。结果表明，总效率平均水平不高，为 63.8%；从规模效率角度看，全国效率的平均值为 84.5%。

三、我国科研院所的转制问题

我国科研院所的转制是一个复杂且多维的过程，旨在解决科技与经济之间的脱节问题，并促进科技成果的转化应用。从 20 世纪 70 年代末开始，我国的科研院所经历了从计划经济体制下的运作模式向市场经济体制下的企业化转制的转变。这一过程涉及从管理机制、经费支持到人才流动等多方面的调整和改革。

转制的初衷是解决科技与经济"两张皮"的问题，即科技进步对经济发展的贡献较低，科研成果与市场需求不匹配，以及科研机构与企业之间缺乏直接联系。为了应对这些问题，政府推出了科研成果有偿使用、建立专利制度、构建技术市场等举措，以调适科研院所企业化运营的环境。这一过程经历了从早期的个案经验积累到 90 年代末期的大规模企业化转制探索。[①] 转制过程中遇到的挑战包括经费支持不足、绩效考核体系不完善、激励机制难以落地等。例如，转制后的科研院所面临"营利性"与"公益性"研发之间的矛盾，导致高水平的产业共性技术研究难以组织。此外，转制科研院所的科技成果转化能力较弱，现行绩效考核政策体系以效益为导向，适用于科技成果转化

---

① 韩晋芳. 论科研院所的转制之路［J］. 当代中国史研究，2023（4）.

的考核评价体系尚未有效建立。中国科学院的 12 家应用型研究机构的转制是这一过程中的一个重要例子。这些研究所大多建立于 20 世纪 50 年代，长久以来依赖国家财政支持。转制过程中，这些研究所需要打破原有的产权体制、运行机制和文化环境的束缚，通过自身努力在市场中求生存和发展。这一过程被形容为一场"静悄悄的革命"，因为它涉及从国家事业单位职工到有限公司员工的根本转变。总的来说，我国科研院所的转制是一个长期且复杂的过程，旨在促进科技与经济的融合，提高科技成果的转化率，但在实施过程中也面临着多方面的挑战。针对这一现状，有学者提出，科研院所就是搞科研的，把它们盲目地推向市场，非常不利于我国的基础科学研究，建议科研院所回归本位。我们在调研的过程中发现并非所有的科研院所都是不适合市场化的，对于那些技术与产业化结合紧密的科研院所，对其实行转制，反而使它焕发了新的生机。

四、高校科技成果的转化问题

通过对中国科技成果现状进行分析可知，中国研发经费投入强度与经济发展不适应，研发投入强度偏低；中国研发资源配置效率远远低于固定资产净值口径核算的资本配置效率，造成了科技成果转化过程中的资金配置不合理的局面；中国科技成果转化效率不高，且存在区域差异。中国科技成果转化存在问题的原因是多方面的，归纳起来主要表现在以下三个方面。

（一）科技成果与市场需求脱节

科技成果成功转化为商品需要满足三个条件：一是科技成果本身的质量，主要包括先进性、成熟性和适应性；二是企业的技术需求和转化动力，也就是说，企业在完成某项技术成果转化时能够取得预期收益，包括企业新产品的市场份额增加、核心竞争力提高和获得超额利润等；三是科技成果能与企业进行匹配，即科技成果的供方与需方的顺利结合。然而，中国科技成果与市场需求存在严重脱节问题，主要表现在以下三个方面。

第一，科技成果的供给方问题。科研项目立项时没有注重市场需求，如国家级、省部级课题立项注重课题的论证和学术价值，但并没有对课题的实际成果转化的可能性和可行性提出严格要求。据统计，在项目需求分析方面，只做文献梳理的占69%，而做过市场调查分析的仅有34%；在项目的研究过程中，科研人员注重的是论文、著作、成果鉴定和评奖，轻视成果的市场需求。

第二，科技成果的需求方问题。首先，由于科技成果研究过程中产出的新知识具有公共产品（或准公共产品）属性和外部性，部分企业通过模仿或获取知识外溢效应等途径实施追随战略，从而弱化了真正实施科技成果转化的企业的动力。其次，企业存在"短视行为"，因为科技成果转化过程是复杂的，充满不确定性，在成果转化过程中需要投入大量的人力、物力和财力，但新产品的市场前景是不可预期的，风险中性的企业就会选择维持现状。最后，企业成果转化吸收能力偏弱，企业对科技成果转化吸收投入不足，会导致成果转化吸收能力偏低。

第三，科技成果供需双方的结构失衡问题。高校与科研院所等提供的科技成果与企业的技术需求不能很好地匹配。科技成果供给方通常提供的是某项专利、技术改进报告或管理咨询报告等，基本上是独立的，而企业的技术需求一般是系列的、成套的，其中也包括技术成果中的隐性知识，这就需要供需双方深度合作，广泛沟通。

（二）科技中介服务体系不健全

科技中介服务机构具有连接技术供需双方、整合科技资源、加速科技信息传播和推动技术转移等功能，但我国科技中介服务体系不健全，影响了科技成果转化，主要表现在以下三个方面。

第一，科技中介服务机构分布不均衡，人才队伍薄弱。《科技统计报告》数据显示，生产力促进中心是全国行业规模最大的科技中介服务机构，2008年全国有1532家，但分布不均衡，四川省有144家，是拥有生产力促进中心最多的省份，而云南、西藏和青海每个省（自治区）只有3家中心，海南仅有1家中心，科技中介服务机构分布不均衡。科技中介服务主要是为高校、科研院所和企业等建立桥梁和纽带，这就要求有一批懂技术、善经营、会管理的复合型技术经纪人，但是我国科技中介服务队伍中缺乏高素质、结构合理的科技管理者和市场开拓人员。以全国生产力促进中心为例，从业人员中，硕士占8.45%，博士占1.87%，而英国技术集团的科技中介服务公司180多名员工中，80%是科学家、工程师等，这说明我国科技中介服务机构从业人员整体实力偏弱。

第二，科技中介服务集成化不够。作为连接科技成果供和需的中介组织，科技中介服务机构在科技成果转化中扮演着重要的角色，主要提供技术评估论证服务、融资及信用担保服务、创业孵化服务、产权交易服务和管理及法律等专业服务，但我国目前科技中介服务机构服务种类比较单一，集成化不强。

第三，科技中介服务信息化水平不高。在网络化时代，信息服务突破了时空界限，科技中介服务机构有完善的信息交流平台，可以促进技术供需双方快速获取信息，使"一站式"服务成为可能。但我国科技中介服务机构信息网络建设总体水平不高；服务趋同，缺乏特色和专业性；未能积极主动向企业、高校和科研院所采集和整合信息，并及时发布；在线咨询服务有待完善。

（三）成果转化管理机制不合理

目前，中国科技成果转化过程中管理机制不合理，主要表现在利益分配机制和考核评价机制两个方面。

一方面，利益分配机制存在问题。分配比例的确定和利益分配方式的选择缺乏科学性、合理性依据。利益是科技成果转化过程中，各方合作的联系纽带，合理的利益分配形式和方式是促进合作的动力。建立科学、完善的利益分配机制，可以促进产学研合作的协调发展，有利于维持和巩固产学研合作关系的相对稳定性，减少损失和资源浪费，促进我国科技成果的转化。科技成果转化过程中各主体对成果转化的预期效用最大化，是科技成果顺利、高效转化的内在要求，以"风险共担、利益共享"原则，处理好企业和科研机构、高校的利益分配是我们做好科技成果转化工作急需解决的问题。合理的利益分配对科技成果转化各主体起到激励作用，是科技成果顺利转化的推动力，而合理的利益分配方式和形式是建立在科学的、可操作的科技成果考核评价制度上的。然而，由于科技成果转化的复杂性、不确定性，现在对科技成果的考核与评价，尚未有合理、可操作且被普遍接受的方法。

另一方面，考核评价机制存在问题。科技评价改革一直是我国科技体制改革的重点难点和社会各界高度关注的热点焦点。中国的科学技术考评机制在近年来虽然取得了一些进展，但仍存在一些问题和挑战。第一，评价标准和方法：过去的评价体系过于依赖定量指标，如SCI论文的数量和被引用次数，忽视了科研活动的复杂性和多样性。近年来，虽然已经开始强调破除"唯论文、唯职称、唯学历、唯奖项"的倾向，但新标准的建立和推广仍需加强。第二，资源配置和评价方式的改革：科技评价的改革需要与资源配置方式的改革相结合，但目前这方面的改革还不够到位。同时，评价方式的创新和用人单位评价制度的建设也有待加强。第三，评价体系的科学性和规范性：目前的科技评价体系在科学性和规范性方面还存在不足，这影响了评价结果的公信力和美誉度。第四，青年科技人才的评价：对于青年科技人才的评价，目前的方法创新不足，分类评价机制还未真正落地，外部环境的影响也较大。第五，科技评价体系统筹不够、联动性不足：科技评价体系在统筹和联动性方面存在不足，政府评机构、机构评人才的传递导向未完全健全，存在科技评价结果的异化使用现象。第六，科技人才"获得感"不强：科技人才在评价过程中感受到的获得感不强，这可能影响了他们的创新动力和职业发展。中国的科学技术考评机制在改革和发展中取得了显著进展，但仍需在评价标准和方法、资源配置、评价体系的科学性和规范性、青年科技人才的评价以及评价体系的统筹和联动性等方面进一步改进和完善。

第三节　成都推进科技成果转化的创新探索

按照人口规模，我国城市可以划分为超大城市、特大城市、大城市（Ⅰ型大城市、Ⅱ型大城市）、中等城市、小城市（Ⅰ型小城市、Ⅱ型小城市）5类7档类型。《中国城市科技创新发展报告（2022）》显示，超大城市科技创新发展水平显著领先于其他规模类型城市；36个省会与副省级城市的科技创新整体水平偏高；在地级市中，苏州市的科技创新发展指数在一众城市中处于领先位置；9个国家中心城市的总指数均值为0.3971，为全国均值的2.7倍，说明国家中心城市在城市科技创新方面有明显优势。

一、成都科技成果转化现状

成都作为超大城市，位势能级持续上升，已实现由区域中心城市到国家中心城市的跃升，是全国第 1 个常住人口突破 2100 万人、第 3 个经济总量突破 2 万亿元的副省级城市，迈入超大城市行列，人口结构"年轻"，人力优势明显，全市市场主体总量 363.89 万户、居副省级城市第 2 位。其中，世界 500 强企业 3 家，国家级专精特新"小巨人"企业 202 家，上市企业 143 家。成都已实现从西部科技中心到服务战略大后方建设的创新策源地的跃升，国家高新技术企业超过 1.1 万家，2018—2022 年全社会研发经费投入年均增长 16.9%，城市创新指数跃升至全球第 29 位，创新实力不断攀升，在 9 个国家中心城市中具有显著的创新竞争力，将成都科技成果转化发展现状分析如下：

（一）协同创新网系密度逐渐聚集

相关数据显示，近 10 年来，成都、重庆、德阳、绵阳等城市形成了创新网络城市体系（见表 3-2）。而在成渝城市群创新网络中，成都和重庆始终占据核心地位，并对边缘区节点城市发挥了重要的桥梁作用。

表 3-2　成渝协同创新网络核心及边缘区城市成员

年份	核心城市成员	边缘城市成员
2016	成都 重庆 德阳 绵阳	眉山 乐山 资阳 自贡 内江 宜宾 泸州 遂宁 南充 广安 达州 雅安
2018—2020	成都 重庆 绵阳 德阳 自贡 泸州	眉山 乐山 资阳 内江 宜宾 遂宁 南充 广安 达州 雅安
2022	成都 重庆 资阳 德阳 眉山 绵阳	宜宾 乐山 内江 泸州 遂宁 南充 广安 达州 雅安 自贡

同时，随着发展演进，成渝城市群创新网络的不均衡状况逐步缓解，但城市群协同创新网络整体密度偏低的问题突出，协同创新主要活跃在成都、重庆、绵阳、德阳、自贡等城市之间（见图 3-1），而边

缘区节点城市间的创新资源流动缓慢，体现出创新合作和创新交流中的显著低效应。

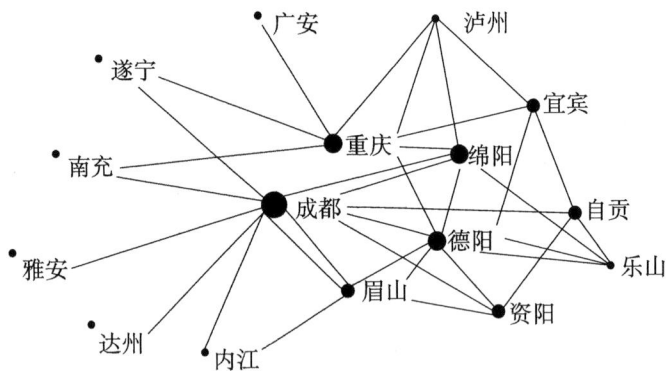

图 3-1 2022 年成渝创新网络节点城市

（二）创新动能持续供给逐渐增强

创新竞争力是形成国际影响力的重要基础，但对比 2018—2022 年我国 20 个城市创新竞争力，成都的创新竞争力虽属于中上水平，但相对北京、上海有较大差距（见图 3-2）。

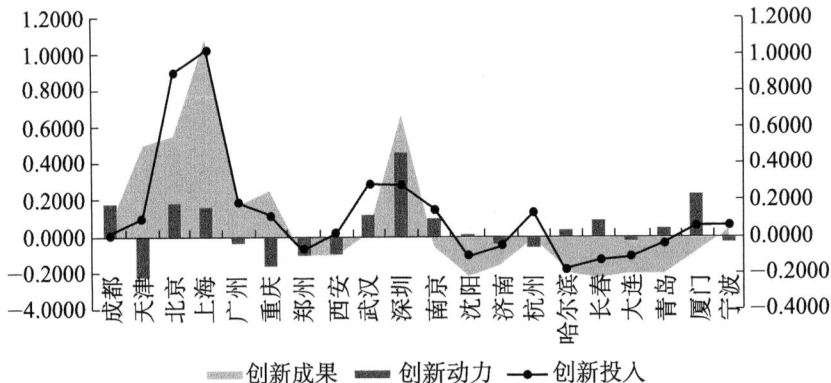

图 3-2 2018—2022 年我国 20 个城市创新竞争力①

---

① 数据说明：各项指标由各城市 2018—2022 年年鉴的原始数据经标准化处理后乘以相应指标权重得出。

　　成都已实现由西部内陆腹地到国际门户枢纽的跃升，正着力建设空港陆港大枢纽、打造开放合作大平台、拓展国际国内大市场，全面提升国际门户枢纽功能。对标国内已建成的国际科技创新枢纽城市，成都创新投入明显偏低，"R&D经费支出占GDP比重"在2022年仅为3.53%，与2021年的3.38%相比只有较小增幅，低于北京（6.83%）、武汉（5.8%）、深圳（4.93%）、上海（4.43%）。

（三）创新综合效应指数显著增强

　　分析2022年中国城市创新产值综合指数，成都"高新技术产品出口额"单项指标全国排名第四，但在六大创新活跃城市中综合得分略高于重庆和北京，虽然与排名第一的上海有一定差距，但在副省级城市中有一定的创新竞争力（见图3-3）。

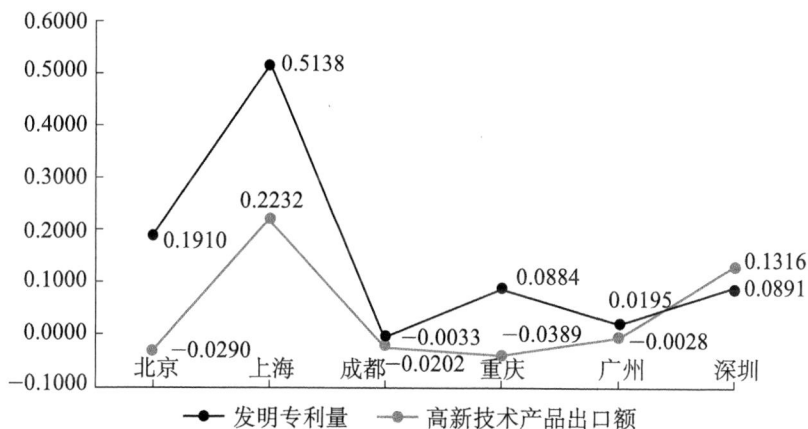

图3-3　2022年中国城市"创新产值"综合得分比较图①

（四）高端制造生态圈逐步优健

　　成都新兴产业制造业具有显著优势，成都市统计局公布的数据显

---

　　① 数据说明：各项指标由各城市2020年年鉴的原始数据经标准化处理后乘以相应指标权重得出。

示，2023 年上半年，全市规模以上工业（以下简称规上工业）增加值同比增长 6.1%，增速比 1~5 月提高 1.6 个百分点，比全省平均水平高 1.8 个百分点，比全国高 2.3 个百分点。全市 37 个工业行业大类中有 21 个行业增加值实现正增长，11 个行业增加值保持两位数增长。体量前十的大类行业呈"6 升 4 降"态势，共拉动全市规上工业增长 4.2 个百分点。其中，增速排在前三位的电气机械和器材制造业、石油煤炭及其他燃料加工业、医药制造业增加值分别同比增长 39.5%、34.0%、11.1%，全市 37 个工业行业大类中有 21 个行业增加值实现正增长，11 个行业增加值保持两位数增长。但综观高端装备制造产业生态圈，其在产业链贯通、技术内核强塑等方面有显著短板。当前，成都航空航天装备、先进轨道交通装备、新能源汽车等高端装备产品整体上处于产业链的中低端，一些关键、核心装备存在缺失；规模以上高端装备制造企业较少，多数企业的自主创新能力及产品科技附加值偏低，削弱了市场竞争力；高端装备关键共性技术、先进工艺、核心装备、基础原材料及零部件受制于人。调研中我们发现，高档数控机床 2018—2022 年进口额占比超过 50%，拉低了高端装备制造产业提升效应；此外，成渝两地存在产业趋同问题，存在一定的无序竞争和重复建设，阻碍了成渝两地创新潜力释放和产业网系完善。

（五）进一步激发创新主体内生动力

课题组对成都部分科技创新企业和超过 1000 名青年科技工作者的问卷调查显示，当前成都创新主体存在动力不足的情况，究其原因，主要受政策、环境、培训、服务等影响。目前成都人才政策以薪酬待遇、税收减免、住房补贴、子女教育等刚性吸引为主，在项目研究、课题开发、技术入股、委托培养、心理引导等柔性服务上则较为滞后；人才发展战略规划设计不精细，促进、监督和评价机制不完善，导致整体上人才发挥的效能与创新主体特色不匹配，高层次创新主体"水土不服"现象较多；缺乏心理疏导平台。调研数据显示，2018—2020年成都市科技工作者心理焦虑逐年攀升，导致了创新内生负效应（见图3-4）。调研中，60％以上的受访者表示需要心理健康服务，然而，70.3％的科技工作者指出获得便利的心理健康服务困难；受历史影响，成渝地区双城经济圈内部的R&D活动往往独立进行，高层次人才跨区域带动效应发挥不足，强弱结合、强强比邻、彼此带动发展的局面尚未形成。

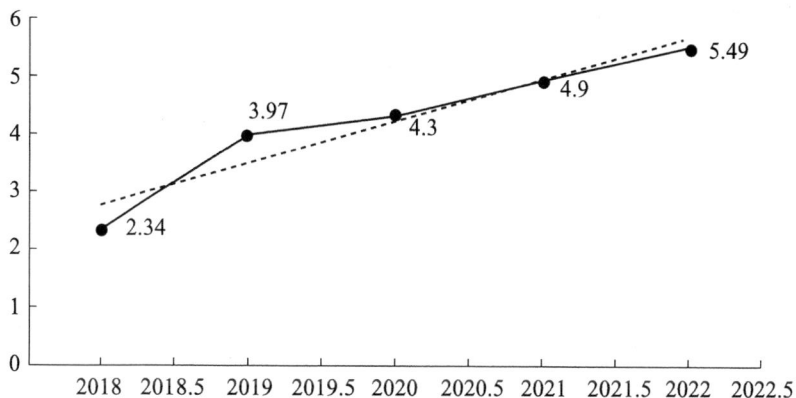

图3-4　2018—2022年科技工作者焦虑水平

二、超大城市科技创新和科技成果转化的先进经验

（一）构建协同创新网络，打造经济新增长极

北京作为我国最具创新竞争力的城市，充分发挥"多点支撑"功能作用，改变单中心集聚发展模式，顺义聚焦发展新能源智能汽车、第三代半导体、航空航天等创新型产业集群，大兴依托生物医药基地，昌平聚焦发展先进能源、医药健康、先进智造等优势主导产业，房山聚焦产学研用融合发展。英国伦敦作为国际创新网络中心城市，将科技城和金融城"双核联动"的布局作为区域创新的强劲动力源，形成

了牛津和剑桥以科研为主、伯明翰以高端技术创新和应用为主的分工格局，充分发挥各创新禀赋互补优势，使伦敦区域创新枢纽地位不断强化，带动其周边区域加速崛起成为全球创新高地。

（二）有效利用市场资源，夯实创新发展保障

北京加大对创新的金融支撑，多家银行探索建立"科技金融服务新模式"，在生物医药、先进制造等高端产业领域支持具有影响力的原创成果，培育具有发展潜力的创新型企业和行业领军企业，为创新成果转化提供了有效保障。伦敦利用其金融中心的资源和市场规模效应，为企业提供创新资金和融资工具，为创新发展提供重要保障，同时通过对市场国际化定位，发挥城市国际化人才资源集聚和溢出的优势，进一步提高了伦敦科技创新的全球影响力。

（三）引导中小企业作为，激活创新主体生力

中小企业是城市经济活力的源泉、城市创新发展的重要力量，也是吸纳就业的主体。对此，伦敦政府为中小企业创新发展提供政策支持，鼓励与科研机构合作，打破产学研合作壁垒，利用风险投资、天使投资机构等中介组织，为中小企业解决资金难题，使其能最大限度发挥灵活性，为城市创新注入持续动能。

（四）聚焦新兴产业技术，引领经济高质量发展

伦敦拥有丰富的技术生态、创新渠道及可供新兴产业技术长远发展的学术科研和投资资源，助力伦敦成为全球领先的智慧城市。北京以经济技术开发区为主，瞄准"促进高新技术发展"的目标，着力促进关键核心技术难题突破，从而升级"硬核技术"作为"加速键"激活城市发展"引擎"，做强了首都经济。

三、成都推进科技创新和科技成果转化同时发力的探索

（一）优健产业生态圈，打造经济新增长极

一是强化"牵引型"，发挥龙头企业创新领军作用。充分发挥各产业链龙头企业、供应链核心企业和创新链技术龙头企业的"头雁"作用，主动承担起产业链、供应链和创新链条中的"基底"和"主心骨"功能。建议引入与"链主"加工配套的中小企业，实现企业间协同发展、合作共赢。二是加快"智改数转"，赋能产业创新。引导创新企业实施生产设备更新、技术改造及集成创新应用示范，积极创建数字化车间、智能化工厂等。紧扣关键工序智能化、生产流程智能化，优化控制、供应链，支持民营企业与高校、科研单位协同开发定制化智能制造设备。实现产业链上下游、跨领域的信息互联互通。促进民营企业设计、生产、管理、服务等全流程智能化融合，大力推广生产智能化、管理数字化、协同网络化、定制个性化、延伸服务化等场景应用。三是突出"绿色低碳"，加快发展方式绿色转型。加强绿色制造体系顶层设计，推动企业生产经营过程及产品全生命周期持续改进，引导企业对照绿色制造评价开展绿色创建，提高工厂、产品、供应链绿色化水平，强化企业间横向耦合、生态链接和资源共享能力。积极打造绿色制造示范样板企业，鼓励创新企业在物资、能耗、污染物排放等方面，提高二次资源和再生原料使用比例。四是聚焦"未来产业"，拓展延伸民用低空飞行产品谱系。在低空经济方面，立足"低空＋"示范应用场景的终端产品需求，围绕城市空中交通积极布局飞行汽车制造，瞄准城市空中交通应用场景；在人工智能方面，重点优先引进具身机器人头部企业、链主企业及关键零部件企业；在新能源方面，以场景牵引氢能产业创新，通过场景构建，以市场和用户需求为导向，将研发重点放在解决问题上。

（二）加强"专精特新"共育，拓展企业发展空间

一是提升"精准化"，为企业创新发展提供持续动力。对已培育专精特新企业进行全面诊断和摸底排查，针对其所处产业链的关键环节，帮助企业精准补齐"短板"；引导龙头企业与专精特新企业建立合作机制，推动更多中小微民营企业通过构建"产业＋市场"的全产业链、供应链、创新链、平台经济等生态体系，在更细分的领域着力"深耕细作"，使一批"专精特新"民营企业不断涌现。如南山区为专精特新企业提供全生命周期培育服务，鼓励龙头企业发挥产业链带动作用，提升产业集群发展的聚合力、衍生力和爆发力。二是引向"优势资源"，加大知识产权服务与指导力度。深入践行"保护知识产权就是保护创新"理念，全力打出知识产权创造、运用、保护、管理全链条服务"组合拳"，提供知识产权一站式助企服务，聚焦"集中辅导＋线下坐诊＋上门把脉"综合服务模式，立足企业所需，多措并举助力创新企业高质量发展；深化知识产权金融，助力"知产"变"资产"，针对企业遇到的融资难、融资慢、融资贵等一系列问题，联合银行、担保、保险、专利、版权、律所等相关专业机构，建立知识产权质押融资绿色通道，进一步丰富和完善质押融资产品的多样性，使服务更具普惠性质，让各个产业、各种规模的企业找到"知产"变"资产"的捷径。

（三）加强孵化转化共促，提高科技成果转化

一是打造"链条化"，充分释放企业创新潜能。建立产业技术研究院，围绕产业技术创新链，开展产业共性关键技术研发、科技成果转化、产业技术服务等活动。支持企业、高校、研究机构、投资机构、行业组织等共同投资建设或管理运营科创载体，建立创业苗圃服务、孵化器服务、加速器服务、成熟企业服务等公共服务体系，探索建立"创客＋投资＋孵化＋人才"新型孵化模式，打造从"科技孵化器—中

试加速器－产业转化基地"的高科技成果孵化转化链。二是助力"协同化"，推动"创新飞地"共创共用。区域之间形成战略合作共建"创新飞地"，减少创新资源配置的浪费，高效开发利用创新资源，加快形成区域之间"产业资源＋政策优势"、"技术＋人才优势"的有机结合，集中力量孵化新企业、培育新技术、整合新产业，实现两地资源互补、合作共赢、特色发展。三是提升"专业化"，突出特色园区。产业园在加强招商引资上下功夫，突出抓好产业链招商，突出抓好结对招商，突出抓好市场化招商，提升园区对高端要素的集聚和辐射能力，在空间链、产业链的非特长环节，只求"专长"不求"全部"；按照园区、城区、景区"三区合一"的模式规划和建设园区，为企业搞好配套，为员工搞好配套，为城市搞好配套，让园区整洁有序、生态宜居，成为城市的活力之源、形象地标，让生活工作在园区的居民有更多的幸福感、归属感；在优化发展环境上下功夫，坚持"软""硬"兼施、建管并重，推动园区行政效能全面提升，营商环境明显改善。要全力优化服务，支持园区率先开展相对集中的行政许可权改革试点，鼓励园区设立综合服务平台，建立健全首问负责、限时办结、服务承诺、"最多跑次"等制度，实现"网上办、集中批联合审、区域评、代办制"，提高审批效率。

（四）激发人才创新的持续内生力，推动发展新质生产力

一是齐心"软着陆"，奋力营造创新人才生态。由政府主导，充分调动企业、行业、高校、院所的积极性，多方共建完善城市创新机制，构建全方位的创新服务体系，培育多元化的协同创新文化氛围，促进创新要素跨区域、跨行业合理流动。加强与周边区域合作，把人才的聘、用、育、留有机融入人才生态链中，创建良好的人才外围大生态系统，形成内外部生态系统的良性互动，提高创新效率。二是全力打造人才智慧地图，根据产业分布，智能匹配人才地图，对"谁是人才"

"人才在哪""如何发挥作用"做到心中有数；加大对人才的收益分享、培养提升等柔性激励，完善利益趋同、风险共担、长期激励、持续创新的激励机制，加大对杰出贡献人才的宣传和表彰。

本章小结

本章通过对中国科技成果的基本情况、科技投入、科技资源配置效率和科技成果转化效率分析，归纳出我国科技成果转化存在的问题，主要表现为：研发投入强度偏低，研发经费投入强度与经济发展不适应；研发资本配置效率低，造成了科技成果转化过程中的资源配置不合理的局面；科技成果转化效率不高，且存在区域差异。科技成果转化存在问题的主要原因表现为科技成果与市场需求脱节、科技中介服务体系不健全和成果转化管理机制不合理三个方面。通过本章分析，明确了问题，探析了原因，下文将选择创新链的视角，对科技成果转化机制进行分析。

第四章

基于创新链的区域科技成果转化实证分析

第一节　基于创新链的知识流动价值增值机制

一、基于创新链的知识流动过程

基于创新链的知识流动过程可以分为知识需求分析、知识搜索与识别、知识创造与转化等三个阶段（见图4-1）。

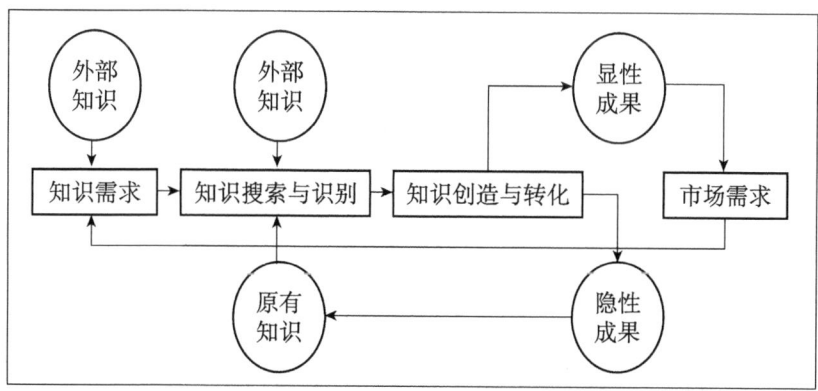

图4-1　基于创新链的知识流动过程

第一阶段，知识需求。创新链的知识需求主要包括创新链上各主体的实际需求、为顺应技术创新方向和市场变化而产生的需求。本阶段主要是依据创新链上各主体在研发、设计、生产和市场推广中的需求，结合技术创新发展趋势，在原有的知识基础上，结合企业等自身的技术特点和资源优势，对新知识需求进行分析，并提出需求。

第二阶段，知识搜索与识别。根据新知识需求，确定知识来源，知识搜索主要包括：创新链中各主体的个体研发人员、团队和组织已有的知识搜索；创新链中企业以外的高校、科研机构、技术市场和产品市场消费者等的知识搜索。同时，结合新知识的需求对新知识进行科学识别。

第三阶段，知识创造与转化。通过新知识的需求研究和知识搜索与识别，创新链中各主体采取交流、合作和"干中学"等形式互通有无，共享各种显性知识和隐性知识，其中，关键是将难以流动的隐性知识通过各种知识学习的形式显性化。将创新链外部的知识进行处理、吸收，从而内化为创新链的内部知识，最终形成两类重要成果，一方面为显性成果，即可以为企业成功实现新技术开发与运用，生产新产品、开拓新市场，提升企业收益，进一步提高整个创新链收益，实现创新链中各主体的期望目标；另一方面为隐性成果，即通过增加创新链中各主体的知识存量，提高下一轮知识创新的知识储备，诱发新的知识创造，从而增强创新链中核心主体的竞争潜力。

通过上述分析可以看出，创新链的知识流动过程具有循环性、动态性和知识的优化与整合等特征；创新链的知识需求、知识搜索与识别和知识创造与转化，将个体知识、团队知识和组织内外知识重新再创造并转化，实现知识的流动。

二、基于创新链的知识流动价值增值分析

创新链上各主体对知识流动价值增值，即能获得知识流动过程中知识增值的收益的预期是创新链中知识流动的主要动力来源。将创新

全过程中的各环节的各种知识重新进行整合，依据知识源的不断更新，进一步促使其持续动态优化，从而实现创新链上知识增值和转化的目标，因此创新链的知识流动具有动态优化和增值等特性。再创造所产生的新知识内化和显性化为成熟的科技成果，应用到生产领域，提高新产品、新技术的功能，并不断地满足市场的需求，从而为企业开拓新市场和提高经济效益奠定基础，进一步实现创新链的知识流动过程中的价值增值；同时，通过知识搜索与识别、知识创造和转化所产生的新知识，提高原有知识储备，增加创新链中核心主体的持续竞争能力，为实现下一步知识增值过程提供保障。在知识流动的价值增值过程中，创新活动的主要完成者和创新价值的主要产出者，不仅包括企业、高校和科研机构等创新主体；同时还包括提供政策支持和资金支持的政府部门、提供金融扶持的投资机构、提供技术服务的中介组织和提供相关配套产业的支撑部门等。

三、基于创新链的知识流动价值增值路径

创新链的知识流动价值增值过程是非线性的、循环的、复杂的，需要各主体各尽其职，通力协作，才能实现创新链上的知识顺畅流动和价值增值，并促进创新成果价值最大化。从整个创新链的角度来看，只有新产品满足市场需求，科技成果才能成功转化，创新链上的知识流动价值增值才能实现。科技成果转化所取得的市场价值需要进行合理分配，也就是说，要建立合理的利益分配原则和方案，将利益分配给创新链上的各主体，同时也要在创新链的内部和外部进行分配。合理的利益分配是创新链内外要素所提供的知识价值的合理回报，也是市场向创新链内外各主体的知识价值回馈，这样知识流动的价值正向增值和市场收益的逆向回馈，共同构成了创新链中知识流动的价值增值过程的循环。在这种循环机制下，获得价值回报的创新链上的各个主体，

可以持续为知识流动提供新知识，从而实现创新链的动态持续发展。

针对创新链上的每个主体，必须创造出有价值的新知识，并顺利成为后续主体的知识投入，该主体的价值才能得到实现。首先，创新链的上一级主体所创造的新知识，必须满足后续主体的需求，能进行合理价值化，且具有通畅的知识流动途径；其次，上一级主体创造出的新知识，要与后续主体的知识储备和资源投入等相匹配；最后，创新链的知识流动价值增值过程，也是各主体的知识共享过程，通过知识共享、知识学习和知识再创造，个人、组织和创新链整体的知识存量都会逐渐增加，形成更强的知识学习、知识共享和知识创造能力，实现创新链的知识价值增值。

第二节　基于创新链的知识转化机制

由于知识特性的客观存在，显性知识与隐性知识对技术成果转化产生重大影响，而隐性知识在科技成果转化中处于尤为重要的地位，因为技术成果中的显性知识，可编码、易表示，可以通过技术交易市场直接交易；而影响成果最终转化为新产品，并最终被消费者接受的是隐性知识的转化。明确显性知识与隐性知识的表达形式，利用技术许可价格定价的机理，构建发明者与企业的双方博弈模型，根据模型求解，从知识特性的视角分析科技成果转化过程中的知识转化机制。

一、科技成果中的显性知识与隐性知识

依据知识特性，可以将知识分为两类：一类是可以用形式化、编码化表述的显性知识（explicit knowledge）；另一类是高度个体化、难以形式化和编码化的隐性知识（tacit knowledge）；科技成果能否顺利

转化，取决于技术成果转化过程中知识的消化、吸收度，特别是技术成果中隐性知识的转化能力。[①] 科技成果中的显性知识，一般表现为设计图表、方程式、专利及小试或中试的产品模型等，以语言、文字、图形和符号等编码化的形式进行传递，如通过专利授权等形式进行知识的流动和转化。而隐性知识是个人经验、诀窍和能力的综合表现，难以用形式化和编码化的语言表述。技术成果中的隐性知识通常表现为成果研发人员的经验或诀窍，物化在机器设备上，且隐藏在技术成果中，很大程度上难以把握和进行编码化处理。技术成果中的隐性知识转化的特点，概括起来有三点：一是转化方式受到知识供给方和需求方的空间和时间制约；二是隐性知识转化主要通过研究人员交往与沟通、干中学、研究团队讨论等方式进行，这种方式加剧知识转化的难度，降低了知识流动与转化的速度；三是因为隐性知识表现形式的模糊性和缺乏标准化，从而使其难以为技术接受方获取，从而影响技术成果转化的效率。

二、显性知识与隐性知识的表达式

成果转化涉及两个重要的组成部分：一是标准化的知识产权（intellectual property rights）；二是发明者的知识。成功开发某项技术，取决于一项发明背后有多少隐性知识，以及发明者愿意付出多少的努力转化其隐性知识。设连续函数 $f(t, e)$ 反映科技成果转化开发成功的可能性，其中，t 为隐性知识参数，反映成果的隐性知识的水平，是某项发明技术的外生特征；e 表示发明者为成果转化付出的努力。特别指出，$0 = t + 1$，当 $t = 0$ 时，表示成果的转化不需要发明者付出努力，即发明者在成果转化中付出努力，不会提高成果成功转化的可能性；e 的变动范围为发明者不付出任何努力，即为 0，如每天投入技术成果转

---

① 刘家树．基于创新链集成的科技成果转化研究［D］．南京航空航天大学，2015．

化工作的时间为 0 小时，到正常的可以接受的一般水平 e，如每天投入技术成果转化的工作时间为 2 小时。

第三节　基于创新链的区域科技成果转化实证分析

前两节从理论的角度分析了基于创新链的科技成果转化机制，本节从实证角度分析知识来源、知识产出与成果转化绩效的链式关系。选择指标，搜集数据，分别测度创新链中知识来源、知识产出与科技成果转化绩效；运用计量经济学模型，对基于创新链的科技成果转化进行实证分析，为理顺创新链中各环节的关系，加强其链接，顺畅地使创新投入转化为知识产出，并有效、快速地将科技成果转化为现实生产力提供实证依据。

一、区域科技成果转化的链接分析

科技成果转化绩效主要决定于区域的知识来源、知识产出和成果转化三部分的链接，即知识来源-知识产出的链接、知识产出-成果转化的链接。由图 4-2 可以看出，创新链并不是简单的线性趋势，链上各个节点具有反馈和修正作用，创新链外部因素影响创新链的顺畅、高效运行，使得创新链呈非线性和扁平化发展趋势。

（一）区域的知识来源-知识产出的链接分析

内生经济增长理论强调前期积累的知识资本和人力资本对当前的知识产出发挥着积极作用（Romer，1990），认为新知识产出是知识工作者数量和可被研究工作者利用的知识存量的函数，研究人员劳动是研发的重要投入，知识产出主要取决于研究人员努力程度。Griliches

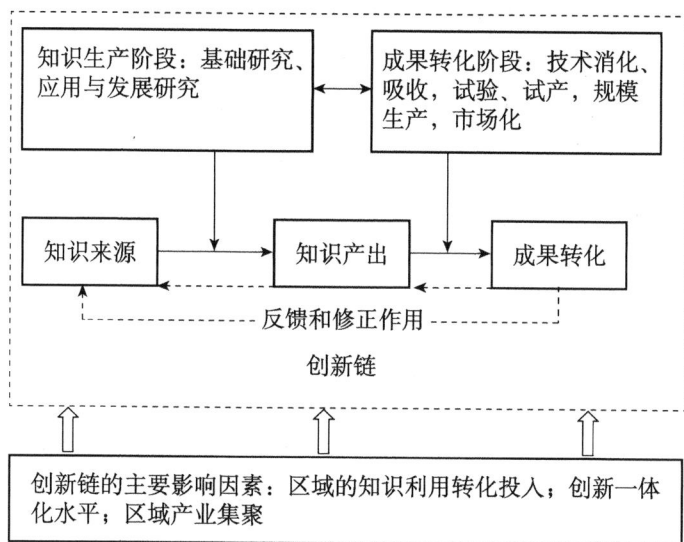

图 4 - 2　基于创新链的科技成果转化图解

(1998) 提出的知识生产函数分析框架，有力地描述区域知识生产，并分析了知识产出对区域创新的影响，此分析框架被广泛地运用到实证研究领域。在实证分析中，合理、有效地测度新知识是关键问题。区域内的知识存量、区域外知识存量和区域研究与发展投入对本区域的知识创造具有重要的影响，因为，知识生产具有溢出效应，即相邻地区（或其他地区）的知识存量越大，则知识的溢出效应越强，这样有利于本地区利用知识溢出效应，促进本地区知识产出。陈继勇等（2010）研究得到知识溢出的净流入能显著提高本区域的创新能力。根据上述分析，为了研究知识来源与知识产出的链接作用，给出区域的知识产出函数为：$Kf(L, AP, EAP)$。其中，Kf 表示知识产出，L 表示科研工作者劳动投入，AP 表示区域内的知识存量，EAP 表示区域外的知识存量。

（二）区域知识产出–成果转化的链接分析

创新链的最终链接部分表现为知识产出与科技成果商业化的链接，

即科技成果的转化，也就是将科技成果成功应用到生产领域、转化为现实生产力，并创造出倍增放大经济效益的过程。科技转化能力是指企业应用新技术制造高附加值、高技术含量新产品，并迅速占领市场的能力，且科技成果成功商业化是企业在瞬息万变的市场环境中得以生存的关键；Furman 等（2002）则强调一个国家源源不断地生产和商业化创新成果的能力，关键取决于多种要素的链接强度。

从区域的视角，运用创新链分析框架，探寻区域内的企业，利用区域内外的知识，将其转化为实际的创新效果。设定科技成果转化的函数为：$Y = g(K, W)$。其中，Y 表示区域科技成果转化绩效；K 表示知识产出；W 为科技成果转化的其他投入变量，g 代表外部影响因素组成的向量。

二、区域科技成果转化的变量测度与影响因素分析

（一）数据来源

数据来源于 2016—2023 年的《中国统计年鉴》、《中国科技统计年鉴》和《中国科技统计资料汇编》。

（二）知识测度

表 4-1 指标及指标定义

过程	指标	符号	指标定义
知识来源	区域内 R&D 人员投入	L	R&D 人员全时当量
	区域内的知识存量	AP	授权专利数存量，永续盘存法核算
	区域外的知识存量	EAP	除去本省以外的其他各省授权专利总数存量
知识产出	区域授权专利	P	授权专利总数
成果转化	技术成果市场化	Y_1	技术成果市场化指数
	高新技术产业化水平	Y_2	高新技术产业化水平指数

续表

主要影响因素			
技术吸纳、技术转化等投入	科技人力资源	X_1	万人专业技术人员数
	科研设备投入	X_2	每名 R&D 活动人员新增仪器设备费
	技术引进与消化吸收投入强度	X_3	企业技术引进和消化吸收经费支出占产品销售收入比重
	吸纳技术成果投入	X_4	万人吸纳技术成果金额
创新一体化水平	政府与企业联系	X_5	企业 R&D 经费中政府资金所占比重
	企业与金融机构等联系	X_6	企业 R&D 经费中金融等机构资金所占比重
	校企结合程度	X_7	高校研究经费中企业经费所占比重
	研究机构与企业结合	X_8	研究机构研究经费中企业经费所占比重
区域集聚	高技术产业集聚	LQ	区域高技术产业总值占工业总产值的比重与全国高技术总产值占工业总产值比重的比

学界对于利用专利数量来描述知识产出存在较大分歧，有的学者用专利申请数量来衡量知识产出（Pessoa，2005），也有学者运用专利授权数量来测度（白俊红等，2009），Pakes 和 Griliches（1984）认为专利是衡量新技术创造的较好的指标，但专利不能衡量技术的经济价值，有些企业为了保护商业秘密，并不提出申请专利。为了弥补专利衡量知识产出的不足，陈继勇等（2010）运用科技论文数量和专利授权数量共同反映知识。然而，在分析区域创新产出时，专利授权量是比较可靠的替代衡量指标（Acs 等，2002），因为区域内的授权专利能分析区域创新产出动态效应且容易获得，而科技论文中的新思想要进一步商业化，过程比较漫长，且科技论文的质量参差不齐。因此，采用各省（市）的专利授权数量衡量知识产出，这样，可以建立专利授权量

表征区域知识产出的知识生产函数。

（三）主要影响因素

创新链在由知识来源到知识产出，再到科技成果的最终转化过程中受到其他因素的影响。

1. 区域的技术吸纳与技术转化投入

选择万人专业技术人员数来表征在人员方面投入的强度；选择每名 R&D 活动人员新增仪器设备费衡量设备投入情况；选择企业技术引进和消化吸收经费支出占产品销售收入比重和万人吸纳技术成果金额来反映经费投入情况。

2. 创新一体化水平

创新一体化水平反映的是区域内政府、企业、高校、科研机构和金融机构等联系密切程度。产学研各方在合作开始相互接触、交流、研讨、协作过程中相互学习、借鉴，从而在缩短新技术转化周期和提高技术产业化方面发挥了重要作用（任秀奎等，2009）；Furman（2002）也强调创新主体之间，以及创新主体和外部环境之间的网络化和一体化对新技术的成功转化意义重大。

以企业 R&D 经费来源中政府投入经费所占的比重表示政企联系；来自金融机构等的资金所占的比重表示金融机构与企业的联系；高校与科研机构 R&D 经费中来自企业经费的比重来表征校企、研究机构与企业的联系。将这 4 个指标进行因子分析，综合得到区域的创新一体化水平。因子分析的方式是采用主成分分析法（principal components analysis），并辅助以最大方差旋转，根据各主成分特征值和解释方差占总方差的比重来判断，提取 2 个主成分，如表 4-2 所示，第一个主成分的特征值为 1.442，第二个主成分的特征值为 1.151，均大于 1，且分别累计解释方差的 35.98％、64.60％；根据变量在主因子上载荷大小，可以设 2 个因子分别为政府、金融机构与企业的联系（F_1）；高校、科研机构与企业联系（F_2）。

表 4-2　企业联系指标数据

指标	政府、金融机构与企业的联系 F_1	高校、科研机构与企业的联系 F_2
政府与企业的联系	0.735	0.180
金融机构与企业的联系	0.841	−0.585
高校与企业的联系	0.184	0.861
研究机构与企业的联系	−0.421	0.822
特征值	1.442	1.151
累计解释方差	35.98％	64.60％

3. 区域集聚

区域产业集聚，是指植根于本区域的经济、社会和文化环境的大量产业或企业及相关辅助服务机构在特定范围内的柔性集聚，并结成密集的合作网络。基于信息和知识联系的"创新链"机制（朱英明，2003），利于创新产出迅速传播；利于技术合作，降低合作成本；由于集聚组织成员之间在信息和行业（产业）的基本知识上的共享性，降低技术和市场不确定性，从而降低风险；由于集聚组织内部知识的不断增加与吸收积累，丰富该集群组织的创新经验，并获取大量技术信息，有利于下一轮创新，也促进科技成果的快速转化（魏后凯，2002）。如美国硅谷、128 公路和北京中关村的高度创新水平和科技成果转化绩效，都是有力证明。

三、区域科技成果转化的实证分析结果

联立方程组存在内生性变量作为解释变量的问题，即存在联立性偏误。为了消除联立性偏误的影响，Parkes 和 Griliches（1984）运用系

统 GMM 三阶段最小二乘法对含有面板数据的线性联立方程进行了评估。本节运用 GMM 三阶段最小二乘法对其进行估计，结果如表 4 - 3 所示。

表 4 - 3　模型估计结果

过程		知识来源-知识产出		知识产出-成果转化绩效	
解释变量	因变量	模型 I $\ln P_{i,t}$	模型 II $\ln P_{i,t}$	模型 III $\ln Y_{1i,t}$	模型 IV $\ln Y_{2i,t}$
知识来源	$\ln L_{i,t-1}$	0.181*** (0.000)	0.222*** (0.000)		
	$\ln AP_{i,t-1}$	0.910*** (0.000)	0.882*** (0.000)		
	$\ln EAP_{i,t-1}$	0.055*** (0.000)	0.066*** (0.005)		
知识产出	$\ln \hat{P}_{i,t-1}$			0.121** (0.004)	0.106*** (0.000)
知识、技术吸纳与 转化投入	$\ln X_1$		0.214*** (0.000)		
	X_2		0.006*** (0.009)		
	X_3			0.575** (0.019)	0.113 (0.178)
	$\ln X_4$			0.482*** (0.000)	0.059*** (0.000)
区域创新 一体化水平	F_1		0.005 (0.966)	0.014 (0.749)	0.058*** (0.000)
	F_2		−0.019 (0.162)	0.082* (0.088)	−0.004 (0.789)
区域集聚	$LQ_{i,t}$		0.063** (0.016)	0.269*** (0.005)	0.292*** (0.000)
样本个数		210	210	180	180
Adj-R^2		0.986	0.987	0.728	0.714

（一）知识来源-知识产出的链接实证结果分析

由表4-3可以看出，在模型Ⅰ中，调整的拟合优度达到98.6%，模型拟合很好。R&D人员全时当量和区域内外的知识存量的滞后1期对知识产出具有显著影响（分别对不滞后、滞后1期和滞后2期模型估计，根据计量检验的标准判断，最终选择滞后1期比较理想），弹性系数分别为0.181，0.910和0.055，说明在其他条件不变的情况下，R&D人员全时当量每增加10%，则知识产出平均增加1.81%，其中区域内的知识存量对知识产出的弹性最大，达到0.910。这和Romer（1990）、Aghion等（1996）、陈凯华等（2010）研究结果基本一致，即科技工作者的努力和区域的知识存量对知识产出具有正向促进作用；同时，区域外的知识存量对知识产出具有正的溢出效应，这与我国区域间的人才流动、技术交流与合作、连锁企业和集团企业的跨区域发展等带动知识扩散和传播密不可分。综合来看，科技人员的劳动投入、区域内外的知识存量表征知识来源，对知识产出具有正向促进效应，通过实证分析结果得到佐证。

同时，通过模型Ⅱ可以得到：第一，表征区域知识吸纳能力的万人专业技术人员数（1ln X）对知识产出在1%显著水平下具有显著影响，且万人专业技术人员数每增加10%，则区域内的专利授权量将增加2.14%，说明区域内科技专业人员投入对知识产出具有促进效应；区域内的科研设备投入表征指标每名R&D活动人员新增仪器设备费在1%显著水平下对知识产出具有正向显著影响。第二，区域一体化水平中，表征政府、金融机构与企业的联系强度（F_1）与知识产出关系不显著，说明我国在科技创新方面政企链接不紧密，投入不足，同时，在创新一体化过程中金融服务数量有待加强，质量需要提高；然而，高校、科研机构与企业链接（F_2）对知识产出影响不显著，且方向为负，这可能由于产学研合作过程中，产学研各主体对知识产出的价值取向存在差异，企业需要解决面临的实际技术问题，且专利保护意识强，不利于专利授权量的增加。第三，区域的集聚对知识产出在显著水平为5％条件下具有显著的正向促进作用，说明在高科技产业集聚环境中，不同主体可以共享基础设施等资源，且有利于信息交流、知识溢出和技术扩散，通过"干中学"、模仿、再创造等过程提高知识产出。

(二) 知识产出-科技成果转化的实证结果分析

在模型Ⅲ中，根据"万人技术成交额"和"万名R&D活动人员向国外转让专利使用费和特许费"指标编制的技术成果市场化指数来表征区域科技成果转化绩效，通过模型估计结果可以得到以下结果。

第一，区域内的知识产出对科技成果转化绩效在显著水平为1％下具有正向显著性影响，在其他条件不变的情况下，知识产出每增加10％，科技成果转化绩效就平均增加1.21％。这说明知识产出对科技成果转化绩效有促进作用，但弹性系数偏小，这与科技成果本身质量以及与市场需求脱节等因素密不可分（任秀奎等，2009）。同时，由于高校、科研机构等知识产出部门与企业对科技成果的价值取向存在背离，部分科研成果对企业没有太高的可操作价值。

第二，以企业技术引进与消化吸收经费支出占产品销售收入比重表征的技术引进与消化吸收投入强度（$3X$）和万人吸纳技术成果金额（$4\ln X$）对科技成果转化绩效均具有显著影响。这说明科技引进、消化和吸纳等方面的投入可以增强科技成果与市场链接，促进试生产、新产品推广、销售，使科技成果实现产业化和市场化，提升区域成果转化绩效。

第三，高校、科研机构与企业联系（F_2）对区域科技成果转化绩效有显著的正向影响，说明高校、科研机构与企业进行有效合作，可以掌握市场动向，了解企业需求，解决科技成果与市场的无缝对接问题；另外，企业科技成果转化所获得的利润，如果有效地投入知识产出部门，可促进大规模、系统性以及前沿性的核心技术研究。

第四，区域集聚化水平（i，tLQ）对科技成果转化绩效有高度的显著性影响，因为高科技产业集聚情景下，企业具有高质量的信息交流平台、优越的基础设施和良好的市场环境，同时，在资源、技术和能力方面具有异质性，有利于进行优势互补，这样，竞争与合作并存，促进科技成果转化的灵活性和动态性，有利于新产品的推广和销售。在模型Ⅳ中，采用高新技术产业化水平指数来表征科技成果转化绩效，通过模型Ⅲ和模型Ⅳ的估计结果比较，可以看出：以企业技术引进与消化吸收经费支出占产品销售收入比重表征的技术引进与消化吸收投入强度（$3X$）对科技成果转化绩（2，$lnitY$）在显著水平为10％条件下没有显著性影响；政府、金融机构等与企业的联系（F_1）在显著水平为1％的条件下对科技成果转化绩效（2，$lnitY$）具有正向显著影响。

基于创新链的基本理论，选择区域分析视角，给出由知识来源到知识产出，再由知识产出到科技成果市场化、产业化链式过程分析框架，运用省际面板数据，通过理论和实证分析知识来源、知识产出与科技成果转化绩效的链接关系，得到如下结论。首先，区域内的知识积累和科技人员努力对知识产出有显著影响，且弹性系数均为正值，验证了 Romer（1990）学者的内生经济增长理论，同时，区域外的知识积累对知识产出具有正溢出效应。其次，知识产出对科技成果转化绩效具有显著影响，但弹性系数偏小，说明在创新链中，由知识转化为现实经济效应的过程仍存在脱节现象。这与我国的科研创新体系中各创新主体对知识产出的价值取向存在背离，其原因与科研评价体系中高校等科研机构"重项目、轻转化"及科技成果转化的利益分配机制、激励机制不健全分不开。最后，在影响科技创新链的主要因素中，区域创新一体化水平的两个因子对知识产出影响均不显著，但是高校、科研机构与企业的联系水平对科技成果市场化指数有显著影响，政府、金融机构与企业联系水平对高新技术产业化水平指数具有显著影响，产业集聚水平对知识产出和科技成果转化绩效有显著的促进效应。

本章小结

本章从理论的角度分析了基于创新链的科技成果转化机制；从实证的角度，检验基于创新链的知识来源、知识产出与成果转化绩效的链式关系。通过分析得到以下主要结论。第一，创新链的知识流动过程主要包括知识需求分析、知识搜索与识别、知识创造与转化等三个阶段，具有循环性、动态性和知识的优化与整合等特征，通过知识共享、知识学习和知识再创造，实现创新链的知识价值增值。第二，企业采用"预先支付一定费用"等策略，使企业与发明者决策相对稳定，可以促进科技成果的隐性知识转化。第三，研发人员激励水平和企业技术匹配能力的增强会降低成果转化过程的不确定性，科技中介服务集成是降低科技成果转化不确性的重要途径。第四，区域内的知识积累和区域外的知识积累对知识产出具有正向的显著影响，知识产出对科技成果转化绩效也具有显著影响；区域创新一体化水平的两个因子对知识产出影响均不显著，但是高校、科研机构与企业的联系水平对科技成果市场化指数有显著影响，政府、金融机构与企业联系水平对高新技术产业化水平指数有显著影响，产业集聚水平对知识产出和科技成果转化绩效均有显著的促进效应。

第五章

创新链集成的科技成果转化模式构建

在科技成果转化过程中，合理的模式能够促进各种要素的整合，加速知识流动与转化，提高科技成果转化效率。在竞争日益激烈、技术生命周期越来越短、技术创新充满复杂性与不确定性的背景下，科技成果转化也日趋呈现网络化的趋势。本章借鉴复杂网络理论，尝试构建创新链集成的科技成果转化模式。

第一节 创新链集成科技成果转化的复杂网络特征

一、复杂网络理论概述

复杂网络最早源于数学中的图论（graph theory），它是对复杂系统的抽象和描述。任何包含大量组成单元（或子系统）的复杂系统，当把构成单元抽象成节点、节点之间的相互关系抽象为边时，就形成了复杂网络。

（一）网络基本概念

1. 网络

由若干节点和边链接的集合体称为网络，记节点集合为 V，连边

集合为 E，则网络图可以记为 $G=(V, E)$。节点（vertex，node）是网络基本单元；边（edge）是连接节点的线。

2. 无向网络与有向网络

若节点 i 和节点 j 连边与节点 j 和节点 i 连边对应的是同一条边，则网络 $G=(V, E)$ 称为无向网络（undirected network）；否则网络 $G=(V, E)$ 称为有向网络（directed network），如图 5-1 所示。

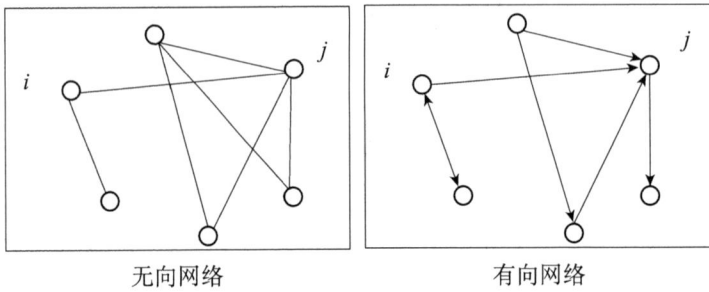

无向网络   有向网络

图 5-1　无向网络与有向网络

3. 加权网络

在网络 $G=(V, E)$ 中，若每条边具有不同的权重，则得到的网络就是加权网络，在加权网络 G 中，i，jw 表示节点 i 和节点 j 之间链接强弱关系，$W_{i,j}=0$ 表示节点 i 和节点 j 没有直接相互作用。在加权网络 G 中，如果不考虑节点间连接方向，则为无向加权网络，如图 5-2 所示。

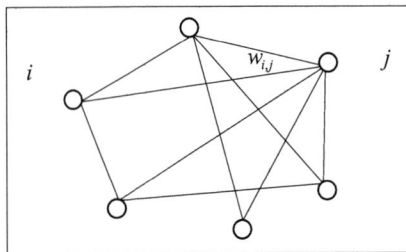

图 5-2　无向加权网络

（二）复杂网络的统计描述

1. 平均路径长度 L

在网络 $G=(V, E)$ 中，连接节点的最短路径边数定义为节点 i 和节点 j 的距离。网络 $G=(V, E)$ 的平均路径长度 L 为任意两个节点 i 和 j 间的距离的平均值，它反映的是节点之间的平均分离程度。

2. 聚集系数 C

假设节点 i 有 ik 条边与其他 ik 个节点相连接，在无向网络中，ik 个节点间最多可能有 $(1)/2i ik k$ 条边相连；而 ik 个节点实际存在的连边数 iE 与可能的最多边数的比就可以定义成节点 i 的集聚系数，记作 $C(i)$。节点 i 的集聚系数用来描述网络中节点的聚集情况，反映网络紧密程度，加权集聚系数（weighted clustering coefficient）表示在加权网络中近邻节点联系紧密程度的参数。在无向加权网络中，设 ik 表示与节点 i 相连节点数，那么其中，N 表示网络中所有节点数。显然，$0 \leqslant C \leqslant 1$。若 $C=0$，则网络中所有节点没有边相连，都是孤立的点。

3. 度（degree）

节点 i 的度 ik 是指与节点 i 连接的其他节点的个数。一般地，在网络 $G=(V, E)$ 中，如果节点 i 的度越大，则表示该节点越重要。节点 i 相对中心度是指节点 i 的度与网络中节点的最大可能度相比，即节点 i 相对中心度为 $k_i/N-1$。网络节点的平均度 k 可以定义为网络所有节点的度的平均值。如果用分布函数 $P(k)$ 来描述网络中节点度的分布情况，则 $P(k)$ 可以定义为网络中度数为 k 的节点在整个网络中所占的比重。

4. 网络密度（density）

网络密度 D 是衡量一个网络中节点之间联络的紧密程度的指标。网络的节点间的连线越多，则网络密度越大。针对无向网络，网络密度可以定义为网络 $G=$ （V，E）中实际相连的边数与最多可能存在的边数之比，即 $D=2M/$ ［N（$N-1$）］。其中，M 表示网络中实际的连边数；N 为网络节点数。一般地，$0 \leqslant D \leqslant 1$。当 $D=1$ 时，网络内部完全连通。

（三）典型的复杂网络模型

1. 规则网络模型

规则网络模型一般包括全局耦合网络（globally coupled network）、最近邻耦合网络（nearest-neighbor coupled network）与星型耦合网络（star coupled network）三种。全局耦合网络的任意两个节点 i 和 j 间都有边相连，依据平均路径长度和集聚系数的定义可知，它的平均路径长度为 1，集聚系数也为 1。最近邻耦合网络的每个节点 i 只与其邻接点相连，当节点 N 趋向于无穷尽时，平均路径长度 L 趋向于无穷尽，网络集聚系数约为 3/4。星型耦合网络只有一个中心点，其他各节点均与其相连，且其他各个节点之间没有连边，当节点 N 区域无限时，网络的平均路径长度 L 趋向于 2，网络的集聚系数趋近于 1。

2. WS 小世界网络模型

最近邻耦合规则网络具有高集聚性，但平均路径长度大，不具有小世界特征；ER 随机网络体现出小世界特征，但不具有高集聚性。因而，它们不能很好地描述现实网络的重要特征。Watts 和 Strogatz（1998）提出的小世界网络模型是规则网络模型与 ER 随机网络模型的过渡，表现出较小的平均路径长度和较大的集聚性，简称为 WS 小世界模型。WS 小世界网络构造方法是从具有 N 个节点的最近邻耦合规则网络开始，其中每个节点都与左右相邻的 $K/2$ 个节点相连（K 为偶数），进而以概率 p 随机重新连接网络中每条边，且任意两个节点 i 与 j 只能有一条边，同时要求每个节点没有自相连边，这样就会引进 $pNK/2$ 条边，将不邻近的节点相连。当 $p=0$ 时，为最邻近耦合规则网络；$p=1$ 为随机网络；通过改变 p 值可以得到规则网络和随机网络的过渡网络，即 WS 小世界网络（见图 5－3）。

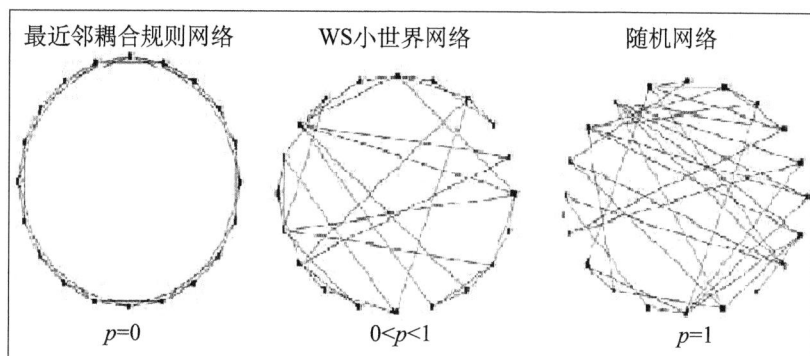

图 5－3　WS 小世界网络模型

3. BA 无标度网络模型

考虑到现实网络规模不断扩大的特性，以及新节点与已有节点连接的择优特性，Barabasi 和 Albert（1999）提出无标度网络，简称为 BA 模型。BA 模型构造方法为从具有 $0N$ 个节点的网络开始，每次增加一个节点和 M 条新边，即随着网络规模的扩大，呈现小世界特性。

（四）创新链集成科技成果转化的复杂网络特征

科技成果转化是复杂系统，而基于创新链集成的科技成果转化涉及多个相互作用的主体，在知识、信息和人才相互流动的过程中，无形中形成了多个节点的复杂网络，因此，可以采用复杂网络研究工具对科技成果转化模式的构建展开研究。创新链集成的科技成果转化作为一个复杂网络，表现出如下复杂网络特征。

一是结构复杂性。网络结构的复杂性主要体现在以下几个方面：创新链中企业、政府、高校及中介组织等都可视为科技成果转化网络的节点，这些节点所处的位置、功能和提供的产品均具有异质性，而且节点的决策特征、决策方式、目标取向等也各不相同，每个节点自身就是具有复杂性特征的行为系统；各个节点连接形式、强度也各不相同，具有复杂性；网络中各个节点间信息、知识和资金等流动的方向具有单向、双向和循环等特征；而且科技成果转化网络具有组织边界模糊性和时变性，随着网络对外界环境变化的不断适应，网络目标、运行方式也会发生改变，同时节点也会增加或消减。

二是连接多样性。创新链中企业、政府、高校以及中介组织等连接具有多样性，如高校和科研院所等与企业的连接主要是知识、技术、信息和资金等为载体的连接，而政府与其他主体的连接主要是以政策、资金等为载体的连接。各节点连接的方向也不相同，可以是单向、双向等。各节点的连接权重也有差异，也体现了连接的多样性。

三是综合性与集成性。创新链集成的科技成果转化将分散在不同创新链节点的主体集成到网络结构中，集聚研发资源、人力资源、信息资源等，形成了超越创新主体边界、跨组织的价值创造系统。若不集成，则将是一个没有系统功能的混乱系统。节点通过组织间的各种合约、目标等连接成为复杂网络，可以实现创新主体和整个成果转化网络的目标。

四是因素融合的复杂性。网络内节点与连接之间会体现出复杂的相互作用，节点间连接的变化会导致节点网络中作用和功能发生变化；节点自身变化会影响其未来的连接行为；不同节点构成的不同子网络间也会相互作用，如校企间通过长期合作可以增加信任度、资源整合度，甚至发展为研发联盟或共建合作企业的关系，这涉及不同网络的转化问题，可能产生整个科技成果转化网络的连锁反应。

五是动力学复杂性。创新链集成将企业、政府、高校以及中介组织等通过各种连接形式，构成一个以实现科技成果转化为目标的网络，网络内各节点有输出输入和因果关系，以这些关系为纽带构成一个动力学系统，且与系统外环境发生作用，实现系统功能，因而体现出动力学复杂性。

综上所述，创新链集成的科技成果转化系统具有复杂网络特征，因此可将其看成一个复杂网络，借用复杂网络的研究方法来构建科技成果转化模式。复杂网络从整个系统层面强调节点的连接作用，注重各节点相互之间的关系对系统的影响，因此运用复杂网络研究创新链集成，可以更好分析创新链中各主体间联系对科技成果转化的整体影响作用。此方法适用于创新链集成的科技成果转化模式构建。

第二节　基于复杂网络的创新链集成转化模式构建

一、集成转化模式的构建目标

（一）集成转化模式的内涵

创新链集成是指创新链上的各个主体在创新的各个环节上通过知识、信息、人才、资金等多要素的集成，为实现降低创新不确定性和交易成本、提升创新链整体绩效的目标而形成的链式集合体。在科技成果转化过程中，创新链集成模式可以促进隐性知识流动与转化，实现技术价值的倍增效应，促使科技与经济进一步融合，提高国家或区域的核心竞争力。

创新链集成转化模式能够有效发挥多主体的协同效应。协同（synergy）由 Ansoff 在 1965 年提出，他认为协同是指把各个相对独立的部分，用某种机制使其形成一个协调运行、资源共享的总体，来实现组织目标，从而产生的结构性效应。在此基础上，德国学者 Hermann 于 1971 年提出协同论，该理论认为系统是由组元、部分或子系统组成的，且子系统间是通过物质、信息等相互交换建立联系，从而使系统形成一种整体效应。根据协同理论，创新链集成前的结构与创新链集成后的结构有重大区别，这种不同就在于创新链集成发挥了协同效应优势。

面向不确定性等复杂情况，集成转化模式是一种合理的模式选择。自组织性是指系统能够根据环境变化，通过系统组成部分相互作用，来自我调整功能和结构的特性。自组织一般具有开发性、远离平衡态、非线性相互作用和涨落现象等特点（李金华，2009）。从自组织网络演化角度看，Mintzberg（1990）认为，在不确定性环境中，为了适应环境的快速变化，组织会改变运行模式和组织方式，组织的网络化就是组织在不确定条件下的一种合理选择。陈学光等（2006）基于演化博弈理论，构建网络组织形成的动态模型，分析组织内成员相互关系及其作用机制。结果表明，网络组织的形成是成员基于正收益的目标进行自发博弈的结果，而组织成员的信息的反馈促成了惯例机制的形成，使组织网络处于一种特定的状态。依据自组织理论，创新活动网络化诱发创新活动组织形式变革，各创新主体间更具有融合性，这样有助于创新主体规避技术与市场快速变化所带来的技术生命周期缩短、研发成本上升和技术创新不确定性等风险。因此，在不确定的复杂情况下，基于创新链集成的科技成果转化模式是一种合理的模式选择。

（二）集成转化模式的构建目标

科技成果集成转化模式构建的总体目标是通过创新链多环节的融

合、多主体的协作和多要素集成，建立跨组织的科技成果转化网络，突破跨组织边界的障碍因素，加强资源共享，促进知识流动的价值增值与转化，降低科技成果转化过程的成本与不确定性，提高科技成果转化效率，提升创新链的整体竞争力。具体来说，表现在以下四个方面。

一是主动适应科学技术发展趋势与市场需求。根据科学技术的发展趋势，选择集成模式的技术方向，掌握市场对科技成果的需求动态，顺应国家（区域）战略规划与产业发展前景。

二是促进创新链中各主体的知识整合、增值与转化。科技成果转化本质上是知识的转化，构建集成转化模式必须促进产学研的协作研发网络形成，加强知识特别是隐性知识的整合与流动，实现知识的价值增值与转化。

三是实现创新链中各主体的预期收益。预期收益实现与否，是决定创新链集成转化模式能否顺利实施的基础。构建集成转化模式时，要在更大的范围和更有效的程度上配置创新资源，提高创新链整体的创新力和竞争力，实现各方多赢的目标。

四是提高国家（区域）、行业核心竞争力。集成转化模式构建，需要重点关注行业共性技术研发与转化，发挥各自优势，加强协作与融合，借以提高成果转化效率，提高创新产品市场占有率，保持和提高国家（区域）、行业的核心竞争力。

二、集成转化模式的基本构架

（一）集成转化模式的层级

根据转化模式的构建目标，尝试构建基于复杂网络的创新链集成科技成果转化模式。集成转化模式的层级：创新链各主体集成和创新链各环节集成（见图 5-4）。

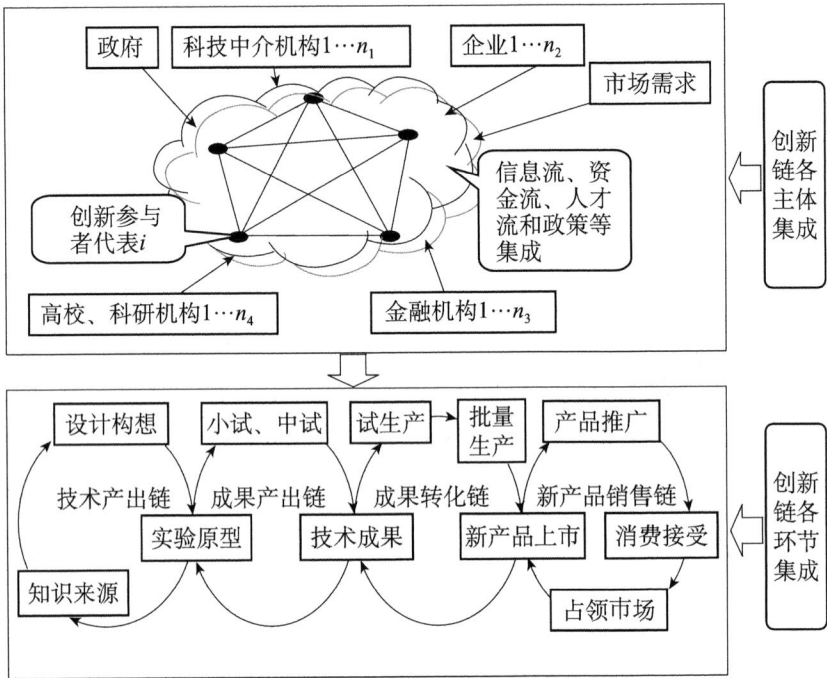

图 5-4 创新链集成

1. 创新链各主体集成层级

该层级由创新链上各主体根据创新目标，按照互利互惠原则，通过正式或非正式协作形式，将知识流、资金流、信息流、人才流和政策等要素有机融合而形成的网络化组织。

2. 创新链各环节集成层级

该层级主要由技术产出链、成果产出链、成果转化链和新产品销售链及其相互链接形成的集成体。技术产出链由知识来源、设计构想和实验原型循环链接组成。知识来源主要由高校、科研机构、企业、中介机构等根据技术发展方向和创新目标，将技术信息、市场信息以及研究发现进行组合形成。知识来源经过项目筛选、项目论证等环节产生出设计构想，进一步经过筛选、研发并形成实验原型。在此阶段，需要主体集成层级中的主体通过协作、沟通提供知识来源与设计构想，同时提供初期研究经费资助。成果产出链是指实验原型经过小试、中试等工作阶段，形成基本成熟的技术成果。在此阶段，孵化平台建设至关重要，主要是小试、中试需要大量设备设施、测试仪器等，因而试验经费增大，创新风险提高，需要主体集成层级提供大量资金保障。成果转化链从技术成果开始，经过试生产、批量生产到新产品上市。此阶段的重点是产品的标准化，包括新产品是否符合技术标准、行业标准等。另外，稳定产品质量、降低生产成本和提高生产效益等也是不可忽视的。新产品销售链是指新产品上市、推广、被消费者接受并占领市场的链条。新产品从市场上获得收益是创新的目标，因此消费者的认同度、满意度和反馈意见等是重要考量指标。在此阶段，需要主体集成层级提供大量的信息支撑。

3. 层级的关系

创新链各主体集成层级与创新链各环节集成层级是一个有机整体，前者为后者各个阶段提供支撑与保障。也就是说，创新主体通过网络化组织形式，促进技术产出链、成果产出链、成果转化链与新产品销售链等形成链式集合体，从而顺利实现科技成果最终转化。现以技术产出链的管理决策过程为例，进一步说明层级融合关系。在创新链各主体集成层级内，创新主体间通过合作，将来自多方面的知识等要素进行整合，并根据创新目标，经过筛选、论证形成有效的知识来源（项目库），进一步将优选项目纳入"筛选－论证－试错－修正"循环决策过程，最终形成符合创新目标的实验原型（见图5-5）。实际上，创新链各主体集成层级，在决策过程的每个环节发挥不同功能，从而实现知识、信息等顺畅流动。当然，在成果产出链、成果转化链和新产品销售链中，也有类似的"筛选－论证－试错－修正"的决策过程，这里就不详加说明。

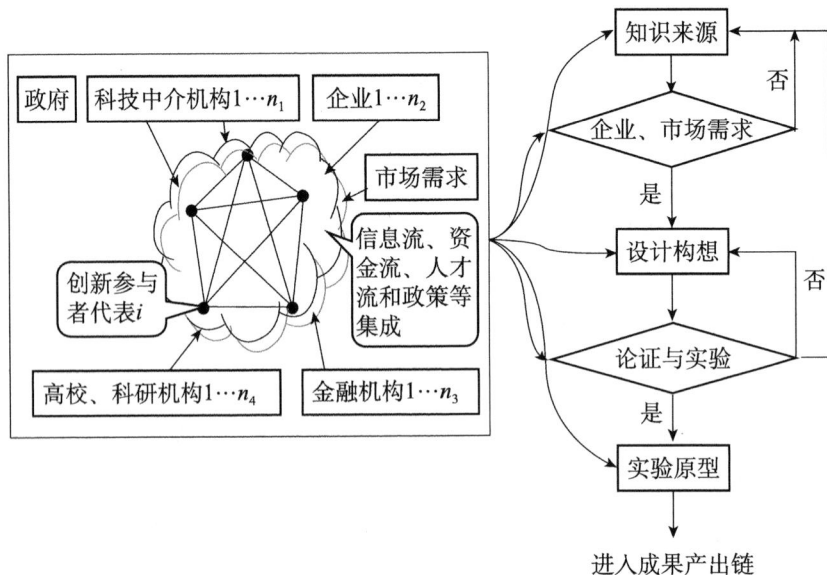

图 5-5　技术产出链决策模型

（二）集成转化模式的组成要素

1. 网络中的节点（主体）

在科技成果产出阶段，高校、科研机构和政府科研机构等是科技成果产出主体。一般来说，政府科研机构从事国计民生、军事等重大项目研究以及普适性、基础性研究项目；企业科研机构主要从事应用技术、新产品开发和技术改造等项目；高校承担着基础科学、应用开发性、企业委托和政府政策咨询类项目。政府科研机构、高校具备基础研究特长，与企业科研机构开发新产品和技术改造等优势结合，并利用科技中介服务机构提供信息和服务，产出能最终适应市场变化和需要的科技成果。

在科技成果转化链的第一个阶段，科技成果产出是各主体协同创造的结果。基于复杂网络的创新链集成科技成果转化模式的核心主体是企业，企业是各主体中距离市场最近的，可以根据市场的需求信息确定出产品需求信息，并依此信息确定科技成果需求信息，进而将需求信息通过科技中介或直接传递给科研机构和高校等部门。科技中介服务机构在该模式中发挥沟通桥梁职能，为技术供需双方提供服务，促进技术交易，也提供咨询、评价和集成信息等服务。技术成果是否能转化及产业化，最终取决于市场消费者对新产品或新工艺的选择。符合市场需求的创新产品能够占领市场较大份额，获取利润，实现科技成果转化最终收益。市场的购买促成资金回流，为创新链的运行提供保障；市场对产品的新一轮需求，又诱发下一轮技术成果的转化。此外，复杂网络的科技成果转化模式中还包括政府、金融机构等节点，以及网络外部环境等。

2. 网络连接

科技成果转化网络是为了解决成果转化过程中不确定性和单个主体创新资源有限性的矛盾，网络各个节点基于共同的成果转化目标而建立起来的一种组织形式。在集成的科技成果转化模式中，通过信息流、资金流、知识流和政策等集成，实现各主体的有机结合。创新链上的所有节点要根据技术变化和市场变化接受和反馈信息，从而制订合适的计划并迅速反应。节点必须通过集成的信息了解市场需求，协同实施，才能让转化的实际运作与市场需求紧密相连，实现成果转化的最终目的，获取收益。也就是说，通过信息可以较好地连接网络中各节点，这是必要的，也必须的。

科技成果转化过程的资金根本来源是新产品的销售收入，必须将科技成果转化为消费者愿意购买的新产品并成功销售，创新链中各主体才能获得资金流。资金通过节点根据贡献大小、合理分配实现流动。值得关注的是，在创新链中，基础研究和应用研究主要经费来自国家投入，商业化、产业化主要来源于政府资金、金融机构及风险投资资金等。而由于中试环节经费投入较大、风险较高，高校和研究机构没有充足经费投入，造成资金链断裂，可以设立针对中试环节的专项资金，以高校和科研机构为载体，引导其对项目进行中试研究，顺利实现资金流动。

在复杂网络的科技成果转化模式中，知识流是网络内各个节点之间为实现科技成果转化而进行的知识传递的过程。知识流的功能是按照一定的知识流动规律，将网络成员中的知识供给传输到知识需求方，同时通过知识共享和流动增加网络成员的知识积累。网络中各节点的知识流的过程控制，会对网络的结构产生影响。一方面，节点通过节点间的协作程度与方式和调节本身的学习与吸收能力，对网络知识流的流速和流量施加影响，从而更好调配网络中的知识资源，为网络集成提供知识支持，进一步加速转化的过程；另一方面，网络各参与主体基于自身利益进行网络化学习，是一个组织学习和知识积累的过程。

3. 集成化信息平台

随着信息技术、网络技术的发展，复杂网络成果转化模式可以凭借信息技术（数据库技术、Internet 等）搭建共享的信息系统，实现成果转化链上各节点和市场高度集成。共享的信息系统促进了整个链的协调运作，使链上行为主体能够实现协同运作。同时，必须注重市场需求信息的变化，加强市场变化搜集与整合，使科技成果转化活动与市场紧密联系。企业、高校、科研机构、政府、科技中介服务机构及最终市场需求者，通过成果转化信息平台形成联系。该平台分为两个层次：信息共享层、协调管理层。

信息共享层是整个信息平台的关键部分，信息共享层要成功实现其功能，可以组建联盟协调委员会，由各节点参与研发项目的主要负责人组成，主要负责网络组织关键核心信息搜集与发布，使网络节点之间的交流更为频繁，项目成员可以通过讨论会议、内部网或因特网来交流，并根据转化最终目的，为其衔接节点组织提供关键信息。

协调管理层包括战略管理、协调管理和信息发布三个模块。战略管理是核心，主要对整个网络的目标、战略实施、结果评价等重大问题作出决策；协调管理应该在整体功能最优、部分服从整体、资源最优配置等原则下协调，是对日常运作进行协调，解决组织间的矛盾与冲突，主要通过信息交流推动网络节点总任务完成；信息发布是链上组织发布、获取信息的场所。

（三）长三角绿色制药协同创新中心集成转化模式实践

针对制药生产过程中高污染、高能耗等问题，由浙江工业大学联合其他单位共同组建了长三角绿色制药协同创新中心，并被教育部、财政部认定为国家级"2011 协同创新中心"。中心研发了多项绿色制药关键共性技术，并应用于开发阿托伐他汀、普瑞巴林等治疗重大疾病的专利到期药，对沙坦类等 10 类治疗重大疾病的大品种药进行绿色化改造，成果转化的实施企业建成了萘普生、卡马西平、井冈霉醇胺、硫辛酸等产品的生产基地，为企业带来巨大的成果转化利润。绿色制药协同创新中心围绕制药产业链，形成科研任务协同研发模式，如图5-6所示。该模式按"原料药－制剂－质量控制－药效学－安全性评价"的链接形式构成了协同研发链，且每个环节通过整合优势力量共同实施，突破了各个主体分别按产业链环节各管一段的研发模式。

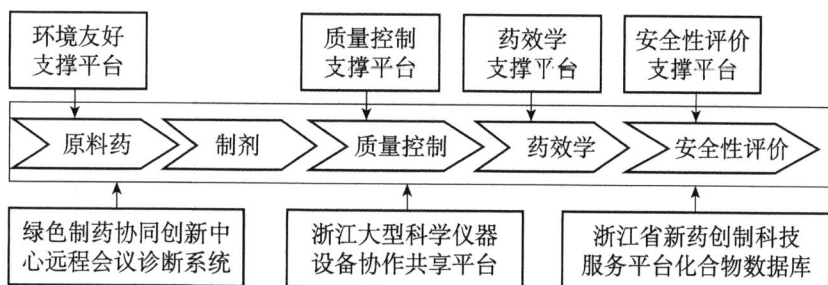

图5-6　基于复杂网络的创新链集成科技成果转化

环境友好支撑平台是利用环保新技术、废水高级氧化预处理技术、废气生物法净化技术、制药菌渣资源化利用与无害化技术等，解决制药行业存在的环境污染问题；质量控制支撑平台负责药品检验、药物质量分析及评价、药品快速检测、指导和帮助企业研发新药，提升新药的研发及质量控制水平；药效学支撑平台运用药物临床前药效学评价技术等，对绿色制药提供药效学支撑；安全性评价支撑平台能够提升生物医药安全评价能力，为医药产业化提供技术支撑。绿色制药协同创新中心远程会议诊断系统整合中心的科技资源和专家库，采用实时多信息网络远程交互的方式，为制药企业提供技术咨询与工艺技术诊断服务；浙江大型科学仪器设备协作共享平台为科研院所、高校和制药企业的小试、中试等环节提供大型试验设备支撑；浙江省新药创制科技服务平台化合物数据库主要提供成果转化、技术咨询等信息服务。在各种研发平台的支撑下，整合资源、协同研发，为成果转化提供保障。在协同研发模式的基础上，进一步形成政产学研等创新主体与各种研发平台的有机结合，促进共性技术开发与成果的高效转化，呈现出集成化、网络化特征。

三、集成转化模式的优势与动力

（一）集成转化模式的优势

创新链集成的显著特点，就是从创新源头到科技成果最终转化为新工艺、新产品等并被市场接受的全过程被视为多元创新主体，以企业为核心，以知识、信息等为纽带，以实现创新链整体利益增加为目标的链式集成体，主要由技术产出链、成果产出链、成果转化链和新产品销售链组成（见图5-7）。创新链集成模式主要功效就是将创新链上的要素整合并转化为显著的动态竞争优势。获取持续的动态竞争优势，是创新链不断提升的重要表征，集聚创新要素，不断提升竞争力，是创新链优化的内在逻辑。根据交易成本等理论，创新链集成的动态优势具体表现为以下几个方面。

一是从不确定性特征看，建立集成的网络组织，利用组织的稳定性抵消外部市场环境中的不确定性，借助组织制度形式来分摊组织风险和提高组织效率，从而降低不确定性。

二是通过创新链集成的网络组织建立，形成信任与合作关系，可以限制机会主义行为的发生，降低搜集信息成本，利于技术交易，降低交易频率，减少监督和执行合约的成本。因此，创新链集成可以降低交易成本。

三是在创新链集成的成果转化模式中，各主体通过信息流、资金流、知识流等形成一个有机整体，利用信息交流平台信息共享层、协调管理层，可以促进科技成果中隐性知识传播，促进科技成果转化。

四是创新链集成形成网络租金。主要原因：首先，科技成果转化全过程的每个环节充满不确定性，通过创新链集成，将各环节信息、资源和人才等进行耦合，可以降低不确定性，将风险内部化；其次，从科技成果的属性来看，其具有部分"公共物品"特质，存在"搭便车"现象，对于技术成果的交易，市场是有缺陷的，通过创新链集成，理顺各节点关系，降低交易费用，提高转化效率；最后，创新链集成，在隐性知识扩散、技术管理、组织协同等方面对科技成果转化质量均有促进作用。这样，网络集成的科技成果转化模式，可以形成网络租金。

（二）集成转化模式的动力

基于复杂网络的创新链集成的成果转化模式具有降低成果转化过程的不确定性、降低交易成本、利于隐性知识传播、形成网络租金等动态优势，这是驱动集成成果转化模式的内在动力。创新链上各主体（科研院所、高校、企业、中介、政府等）对竞争优势的预期和在实际运行层面对竞争优势的检验和反馈，进一步调整和优化创新链集成的

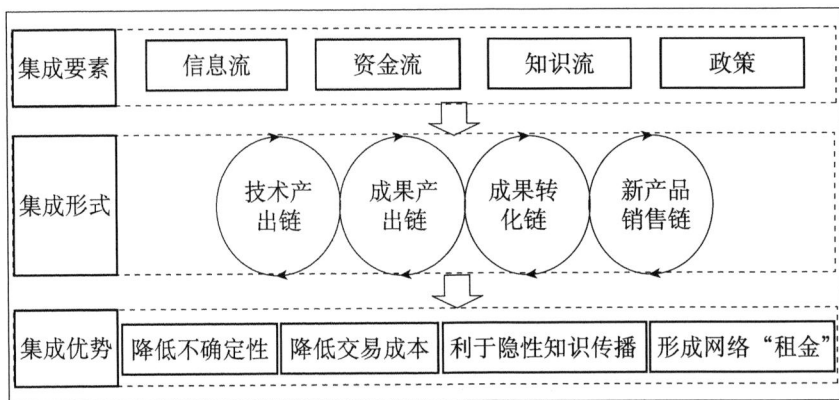

图5-7 创新链集成科技成果转化模式的优势

动力机制，并促使创新链上各主体更新知识、整合资源，增强创新链整体竞争优势。

一方面，创新链集成的外在动力来源于技术发展趋势等外部环境。技术革命推动高新技术产业快速发展，为企业发展注入活力的同时也增加压力，企业必须突破组织界限，加速内部创新资源与外部创新资源的融合，加强外部创新资源获取与集成能力。战略性技术联盟、多方合作技术开发平台建设，集成式创新系统等都成为创新链管理的表现形式。新产品生命周期越来越短，在此背景下，企业可以通过创新链集成的形式，整合高校、科研机构和科技中介等力量，缩短从创新源到新产品推出的周期，加速成果转化，缩短新产品更新周期。另一方面，政府的技术政策或产业政策也是集成模式的外在动力。由于技术创新存在巨大不确定性，同时，产业基础性技术具有"公共品"属性，必然会导致市场失灵和创新系统失灵现象，这就要求政府通过政策制定，促进创新链集成，提升区域或产业核心竞争力。比如利用项目支持计划推进创新链集成，如我国推行"协同创新中心"计划；葡萄牙的联合创新支持计划（Integrated Innovation Support Programme）主要以集成创新为目标，促进创新集聚。此外，政府通过法律、经济等手段在制度、环境层面引导创新链中各主体活动，来促成创新链集成。

外在动力是辅助的、间接的，但是具有长期性和重要性，外在动力和内在动力必须相辅相成，协调作用，才能保证创新链优化发展。

四、集成转化模式的实施措施

为了保障创新链集成的科技成果转化模式有效实施，现从科技中介服务的集成化、政产学研融的职能协同两个角度进行分析。

（一）科技中介服务集成化措施

科技中介在科技成果转化模式中发挥重要作用，对于创新链集成起到桥梁和纽带功能。推动科技中介机构朝着专业化和品牌化方向发展，要鼓励科技中介提供高附加值服务，形成政策咨询服务、融资及信用担保服务、信息服务、技术开发推广服务、技术评估论证服务、新技术交易服务、创业孵化服务、国际合作服务、创新培训服务、市场开拓服务、产权交易服务、人才交流服务、管理及法律等专业服务相互促进、密切配合的科技中介机构服务体系，促成知识在创新链上顺畅流动，提高科技成果转化的效率。

目前，由于我国科技中介组织的功能较弱，且比较分散，彼此独立，联系不紧密，使技术知识扩散和流动不畅，创新资源的有效整合受到限制，严重制约了创新体系整体功能的发挥。因而，实施科技中介功能集成化策略，促进科技成果转化势在必行。

首先，在提供科技服务时，要有集成化的意识。要以集成化的科技中介服务为纽带，链接科技创新源到大规模产业化开发的全过程。以主导企业为核心，通过科技中介服务，使创新过程中的所有环节紧密合作，加快科技成果转化，降低交易费用，提高专业化水平，增强协同创新效率，降低科技创新过程中的风险。

其次，处理好创新风险与利益分配问题。创新的动力主要来自参与创新的各主体对创新收益的预期，创新网络系统应按照各个主体对系统创新贡献的大小获得相应的创新收益。可以说，创新收益是创新主体承担创新风险的报酬。通常在一种创新产品的开发存在较大风险时，企业会因不愿意承担风险而拒绝或推迟投资，从而使这种创新产品的供给减少，而社会通过支付较高的价格给予补偿。此时，通过提供集成化的科技中介服务，降低企业创新风险，会增加创新产品的供给，企业可以支付较低的价格。这样，企业承担的风险降低，要让渡部分利润给中介机构；社会收益，也要以购买公共产品形式，给予中介机构补偿。

最后，运用现代信息技术和网络技术，将科技中介服务进行集成化、网络化。各类科技中介组织应整合优势，积极链接，构建联系政、产、学、研、融等多主体的科技信息网络，建立科技成果、技术专家、政策法规等各种公共信息数据库，将信息咨询、技术贸易、技术转移、技术孵化、新产品试验、知识产权法律服务、高科技风险投资等服务进行集成。这样，满足技术创新多元化、整体化、全程化的需求，也可以通过集成服务，降低创新不确定性，进而降低创新风险。以区域整合为特征的科技中介服务形式（如长三角科技中介合作联盟）是我国科技中介服务集成化的较好尝试，加速了科技成果的扩散与转化，促进了科技资源的高效、合理流动，为我国科技创新提供了新的思路。同时，国家要为科技中介服务集成，提供政策、人力和财力等方面的扶持，厘清科技创新网络中各方面的关系，实现多方共赢局面。

（二）政产学研融的职能协同化措施

传统科技成果转化模式存在着知识来源、知识产出、科技成果转化割裂的现象，创新链集成模式可促进科技成果转化全过程融合。创新链集成科技成果转化，需要政、产、学、研、融等主体的职能协同，各机构之间相互分工、相互协作形成高效的成果转化系统。

第一，在科技成果转化中，政府是科技成果转化的制度供给者、市场秩序的维护者、公共服务的提供者。需要有完善与科技成果转化有关的法律制度；建立促进技术研发和转化公共平台，注重科研设施、大型试验室等，以合适的方式，向创新链中各主体开放；要创造公平开放的市场环境，使各类企业公平获得创新资源；加强知识产权保护，建设规范的知识产权市场和中介服务体系，促进科技成果高效转化。

第二，企业作为创新链的重要主体，在转化过程中起着关键作用，需要与高校等科研机构主动对接，建立长期稳定的合作关系，整合创新链上的资源，建设高水平研发中心，把握创新机会、选择创新方向和技术路线，组织技术研发、产品创新，形成技术资源储备和关键技术突破，增强科技成果转化的积极性和主动性；同时，需要与国家或区域的总体规划、产业规划相契合，将企业的技术创新与成果转化落实到地方经济的实处。另外，要主动与银行、保险等金融机构建立合作关系，为科技成果转化获取资金支持。

第三，高校等科研机构作为创新链中知识产出的供应方，需要改变重学术、轻应用的观念，加强与企业、市场需求的链接；同时，需要建立有效的成果转化管理和鉴定的目标评价机制、合理的激励机制以及利益分配机制，提高科研成果转化的有效度。

第四，完善金融机构在科技成果转化中的职能。首先，需要对科技成果转化项目进行科学甄别与风险评估，根据评估结果和项目特性，提供差异化、个性化的金融服务，满足企业在成果转化过程中资金需求；其次，商业银行应规范和简化信贷操作流程，逐步完善信贷品种，适度降低门槛；最后，金融分支机构和风险投资公司等，推出符合区域行业特点的金融产品，支持企业的科技成果转化，也要给予创新链前端资金支持，创新金融服务方式和手段。

本章小结

　　本章借鉴复杂网络理论，分析了创新链集成的科技成果转化系统的复杂网络特征：结构复杂性、连接多样性、综合性与集成性、各种复杂性因素融合和动力学复杂性等。复杂网络从整个系统层面强调节点的连接作用，注重各节点相互之间的关系及对系统的影响。因而，本章运用复杂网络理论分析了创新链集成的科技成果转化模式的构建目标、集成化模式的基本构架、集成化模式的优势和动力、集成化模式的保障措施。为了验证该模式的可行性，本章尝试从区域创新网络视角出发，对创新链集成的成果转化模式的效应进行分析。

第六章

美国建设创新强国路径分析

美国是当今世界唯一的超级大国，经济总量全球第一，在科技创新、成果转化、高等教育、产业发展等多个方面领先，拥有世界绝大多数的关键核心技术，相较其他国家科技发展一直处于优势地位。回顾美国科技创新体系发展历史，事实上时间并不算久，但其发展速度和影响力却在世界科技进步史中首屈一指，其发展轨迹和做法对中国在新时代加快建设创新型国家具有较大的借鉴意义。

第一节　美国建设创新强国之路的历程回顾

一、科技创新体系的形成

（一）模仿学习阶段（18世纪）

美国在16世纪前作为殖民地并无近代科学研究活动，其科学活动和成果也来自欧洲。随后因为开荒、农垦和矿产勘探的需求，逐渐有了个人自发的关于自然科学领域的研究行为，研究成果也以记录性自然历史文献为主。18世纪，电荷守恒定律由本杰明·富兰克林提出，成为美国开始参与世界科技发展的标志，但与同时代欧洲国家相比，其科学贡献仍然逊色不少，"科学活动规模小、高水平科学家少、科研以实用为主"是当时美国科技创新的主要特点。

（二）追赶超越阶段（19世纪）

南北战争的爆发让美国对军事科技需求大增，并因此延伸到对国家发展的思考——联邦权力过弱导致体制弊端过多。随后美国开始对德国科技体制进行深入学习，并在这一时期就非常注重知识产权保护，1790年出台了《美国专利法》，并于1802年成立联邦专利局。1848年，美国成立科学促进会（AAAS），科技管理工作开始由散乱无章向职业化转变，并逐渐从欧洲科研体系中独立出来。19世纪初，经济快速发展加快了高等教育变革，生产力的提升极大刺激了国家对人才的需求，大量社会财富开始流向高等教育领域，科学研究开始在高校中受到重视。《莫里尔法案》的颁行，为政府介入科技活动提供了法律依据。该法案要求各州按照国会议员人数拨给每人3万英亩（1英亩≈4046平方米）土地，并用这些赠地所得收益开办赠地学院。这一动作极大地改变了美国高校偏重古典教育的现象，国家科学院、海军天文台等科技管理和军事科技机构相继建立，为科技工业现代化储备了丰厚资源。

（三）自立自强阶段（20世纪至今）

1. 工业成为创新供给源头

1864年颁布的《鼓励外来移民法》使得大量科技人才涌入美国，高校开始提倡学术研究并培养研究生，教育的价值开始得到彰显。"一战"初期，美国大规模动员科学家参与战备工作，给予宽松的科研环境和资金支持，已形成的高校体系已经能够较好地为工业发展提供科技人才，"基础研究＋科技人才"为美国科技发展增加了"颠覆性"基因。20世纪初，美国的工业成为经济主导和创新源头，工业实验室的R&D投入占比高达63%～70%，并开始在一些工业科技领域超越欧洲。

2. 创新协同体系促进国家持续发展

"二战"时，科学研究与发展局（OSRD）成为战时科学活动的"指挥部"，积极响应军事和经济发展需要，并形成了一个联合政府、高校、科研机构、企业和军方的创新协同体系，以国防科技推动创新发展的方式延续至今。"二战"后，万尼瓦尔·布什牵头向总统提交《科学：无止境的前沿》，提出"政府应该为基础科技研究、应用科学研究的成果提供连续不断的资金支持，以增加工业发展所需要的技术知识积累，从而促进国家经济的持久发展"。创新协同体系使得支持科研的力度大幅度增加，根据《消费社会模型2.0：从四次工业革命说起——以美国为例》，美国政府的R&D经费从1940年的4.8亿美元增长到1945年的50亿美元，占全国R&D经费的比例由18%上升至83%，研究型高校和实验室在这一时期得到极大发展。

3. 科技创新体系形成

冷战时期，白宫成立了总统科学顾问委员会，完善了政府的科学管理决策能力；联邦成立了国家航空航天局（NASA）负责对太空活动进行顶层设计和实施；国防部成立了高级研究计划署（DARPA），以满足军方需要和应对技术突破开展颠覆性研究。围绕技术创新、成果转移出台了一批法案和政策，形成科技政策丛林。构建政产学伙伴关系，着眼于未来10～20年，以发展军事科技为目的产出大量具有颠覆性、革命性的技术和成果，比如阿帕网、GPS等，均给国际社会带来深远影响。到20世纪末，由"科技管理＋法律政策＋科研开发"组成的"三位一体"的科技创新体系全面形成。

二、新一轮科技创新战略的实施

2008 年国际金融危机以来，美国出台了一系列科技创新战略，意图通过科技创新继续推动本国经济的发展。

(一) 不同阶段制定的科技创新战略

1. 奥巴马政府时期（2009—2017 年）

美国总统行政办公室、国家经济委员会和科技政策办公室在 2009 年联合发布了《美国创新战略：推动可持续增长和高质量就业》，该科技创新战略建立在《复苏与再投资法》（支持教育、创新与基础设施等 1000 亿美元投资预算）的基础上，旨在增强私营部门的活力，激发民众的创造力，提升就业的技能。

白宫 2011 年发布《美国的创新战略》，具体阐述此前奥巴马在国情咨文中提出的战略目标"赢得未来，保持美国在创新能力、教育和基础设施等方面的竞争力"，核心内容主要包括强化激励创新创业、创新要素，催生重大突破等层面。

美国国家经济委员会和科技政策办公室 2015 年联合发布《美国国家创新战略》，具体指出了维持创新系统的关键要素，包括基于联邦政府在推动私营部门创新、投资建设创新基石和武装国家创新者，针对三个方面所扮演的重要角色而制定三套战略计划。

美国陆军部 2016 年发布《2016—2045 年新兴科技趋势报告》，旨在帮助美国陆军及其投资人了解未来 30 年可能影响美国国家力量的核心科技，并详解塑造未来 30 年美国陆军能力的气候变化、城市化与全球化变革、资源紧缺、人口统计数据变化、中产阶级崛起等科学技术趋势。

2. 特朗普政府时期（2017—2021 年）

美国国际战略研究所在 2018 年 3 月发布了《美国国家机器智能战

略》，在战略化机器智能伙伴关系、领导全球机器智能技术和机器智能治理的发展等方面提出规范发展美国机器智能技术。同时，指出了美国在与其他国家之间机器智能战略制定方面的差距，提出了未来发展的改善性意见和建议。

美国国家科学技术委员会在 2018 年 10 月发布了《美国先进制造业者领导战略》，提出美国需要从"开发和转换新的制造技术""教育、培训和联系制造业劳动力""扩大国内制造业供应链的能力"等三个方面不断提升。

美国国家科学技术委员会在 2019 年发布了《美国人工智能倡议》，该倡议主要从加大人工智能研发投入、开放人工智能资源、设定人工智能治理标准、培养人工智能劳动力、国际参与和保护美国人工智能优势等五个方面集中联邦政府的资源来发展美国的人工智能技术。

美国国务院在 2020 年发布了《关键与新兴技术国家战略》，提出两大关键战略：推进美国国家安全创新基地（NSIB）和保护技术优势，明确了美国为保持全球领导力而发展关键与新兴技术，其中，发布了20 项发展关键与新兴技术的清单。

3. 拜登政府时期（2021 年至今）

美国参议院 2021 年发布了《美国创新和竞争法案》，其中，涉及芯片和 5G 紧急拨款方案、《2021 年战略竞争法案》、《无尽前沿法案》、《确保美国未来法案》以及《2021 年应对中国挑战法案》等不同组成部分。这一套看似跟科技创新有关的法案，却涉及产业发展、贸易政策、外交国防、教育医疗等诸多方面，实则是一套高度精细化的对华竞争战略。

美国商务部 2022 年发布《美国芯片与科学法案》，主要包括对本土芯片产业的研究和生产提供巨额补贴，并要求任何接受美方补贴的公司必须在美国本土制造芯片。

纵观不同时期的美国科技创新战略，从关注国内技术创新、民生就业、教育、基础设施建设不断延伸到前沿技术上，特别是在一些高精尖的技术上，军事部门也参与其中，凸显出美国技术发展进程的军民融合性特点。

（二）新一轮科技创新战略的实施状况

1. 不断强化研发投入，增强跨国公司的研发效率

2008 年以来，美国不断强化国家研究的资金投入。2008—2021年，研发支出占 GDP 的比例从 2.87% 上升到 3.2%，日益重视研发的作用，通过增加研发支出大力强化前沿科技产业的研发。美国跨国公司研发投资者数量从 2008 年以来一直高居世界首位，校企研发协作能力也一直居于世界前 3 位。知识产权专利收费一直占服务贸易额的4.2% 以上，多项数据表明美国正不断强化研发投入，提升研发效率。

2. 强化前沿产业投入，助力关键新兴行业发展

在信息通信技术产业上，美国不断提升前沿性技术，加大通信技术产业化进程、提升技术的应用性、推进数字化经济，实现个人、企业与物品联结的广泛性，软件业支出占 GDP 的比重一直维持在 1.1%左右。通过制定多学科交叉发展的科技政策体系，美国不断提升科研创新的效率，深化科研理论和应用的研究深度；通过完善多学科融合的人才培育和项目资助机制，不断深化海内外高水平研究团队的大型设施和重大项目，扭转个体导向为主的科研评价机制，不断向融合多学科发展的成果评价机制转换。在地区集聚发展上，通过多个科技创新战略的支撑，不断融合科学的边界。在美国国会通过的《2021 年美国创新和竞争法案》中，强调发展半导体产业；而在《2022 美国竞争法案》中，则强调发展芯片产业。通过这些指导性产业的发展，这些

行业内部企业的竞争，已由单纯的企业竞争直接升级为产业竞争，甚至是国家层面的竞争。

3. 强化经济增长目标，突出科技创新成果产出

2008 年以来美国 GDP 增长出现急速反弹态势，据美国商务部公开的消息，2023 全年，美国全社会创造的名义 GDP 扩大至 27.37 万亿美元，与上年同期相比，剔除各类型商品和服务价格上涨因素后，取得了 2.5% 的实质性增长。这表明美国科技创新所带来的经济增长动能十足。受制于 2020 年期间的新冠疫情，美国经济有所下滑，但随着在新冠疫情期间的大规模财政刺激以及众多科技型上市公司的良好经营，如苹果、微软、亚马逊、特斯拉、ALPHABET INC（谷歌母公司）、IBM、脸书（已更名为元宇宙）、甲骨文等公司的业绩突飞猛进。美国商务部经济分析局发布的官方报告显示，美国 GDP 名义增长率 2021 年接近 11% 的水平，2022 年达到了 8.6% 的水平。2010 年以来美国科技创新指数不断攀升，2023 年，位居全球第 2 位，知识创造也位于全球第 2 位，知识影响高居全球第 1 位，这表明美国在科技创新战略的支撑下极快地发展了创新性知识。

4. 强化政府与高校的合作关系

美国高校和企业合作的能力一直高居世界前 3，政府一直非常重视对高校的政策支撑、科技鼓励和资金投入，不断深化校企合作关系。

第二节　美国推进科技成果转化的主要路径

一、国防科技

美国国防部发布 2023 年版《国防科技战略》，强调必须利用关键

新兴技术实现国防战略目标。战略阐明了国防部科学技术研究的优先事项、目标和投资，并就国防研究和工程体系的未来提出了建议。战略明确了与美国国家安全相关的三大类涉及 14 个关键技术领域，具体包括：新兴技术领域（生物技术、量子科学、新一代无线电和先进材料）；可利用商业力量的技术领域（可信人工智能和自主系统、集成网络体系、微电子、可再生能源发电和储存、先进计算和软件，以及人机界面）；国防专用技术领域（定向能、高超声速、集成传感和网络）。同时，战略将向着联合任务，"快速、大规模"创建和部署，以及加强研究能力三个方面的目标开展工作①。

（一）经济与人才双轮驱动

克林顿提出"技术是经济增长的发动机，科学是发动机的燃动力"，奥巴马强调"经济的问题需要科技的发展来解决"。美国科技创新体系遵循"经济问题科技解决，科技问题人才解决，人才问题经济解决"的大逻辑。当然，科技、经济、人才三者不是简单的线性、单向关系，而是立体的、交互的，构成的"经济-科技-经济""人才-科技-人才"双轮循环体系，结构稳定、耦合互补。

首先，看"经济-科技-经济"。科技和经济是相互促进的，快速且大规模的经济发展，保证美国有足够财力持续投入科研基础设施建设、开展前沿基础研究探索、收购全球先进技术，也为新理论、新技术提供了良好的应用场景和宽松的试错空间。同时，科技创新也是经济问题的解决方案，是蓝海市场的活水之源。需求不仅是用来满足的，也可以是用来创造的。美国政府长期支持新兴技术和前沿技术发展，开辟新领域、制定新规则，创造新的经济增长点，摆脱大国竞争的"贴身肉搏战"，带动美国经济持续发展。

---

① 董蓉．美国国防部发布 2023 年版《国防科技战略》[J]．科技中国，2023（6）．

其次，看"人才-科技-人才"。人才是科技的重要载体，也是科技发展的源动力，一流的人才基础是保证美国科技创新体系持续、稳定、高质量输出高科技成果的主要原因。反过来，科技为人才的持续培养提供土壤，会促进高校教育、科研范式的变革和新学科的发展；此外高水平的科技环境会形成良性的内部竞争驱动力，促进人才争夺科技高地。

（二）政府和市场交替主导

美国科技创新体系背后有一只健壮的政府之手，政府在基础研究、科研基础设施、政策环境等方面提供相对稳定的公共服务，主动承担企业无力或不愿承担的长周期、高风险、大投入、低回报工作。同时，美国市场对科技创新也起到至关重要的推动作用，但政府和市场的作用并非齐头并进的，因受科技创新周期等因素影响，二者交替发挥主导作用。

在科技创新周期前半段，政府发挥主导作用，政府的作用突出表现为对国家创新能力的塑造，如新建科研机构、增加财政研发经费规模等，面向中长期的技术发展做储备；企业则通过市场竞争促进技术应用，扩大新兴产业产能。在后半段，企业积极发挥市场主体作用，加速开展技术改进、产能转换、兼并重组等活动；政府作用逐渐淡化，主要体现为对创新体系的调整，以更好地促进成果转化，如促进产学研合作、加速技术扩散等。[①] 当市场资源配置趋于稳定时，政府又会再次发挥全局统筹、整体协调的配置作用，使得产业能够良性循环运转。

（三）基于国内外形势不断调整

美国为应对美苏争霸、日德追赶、中国崛起，不断在合作与遏制

---

① 钱翰博，马祥涛，赵青等．美国科技政策演化对创新体系的作用分析及相关思考[J]．科技中国，2023（10）．

中调整科技发展的平衡点，在利己与排他中寻求自身利益的最大化，钩织了一张张动因不同却目标相似的科技合作伙伴网络。

每当面对强大的外部竞争压力，美国政府在组织动员国家科技力量方面的战略主导作用就会被激发，如美苏争霸背景下，从设立科研管理机构、建立国家实验室等多方面入手，美国政府迅速强化了科技创新体系。外界压力一旦减弱或者消失，美国政府对科技创新的关注度就会下降，科技创新体系中"他组织"和"自组织"天平就会向后者倾斜。[①] 在"自组织"情况下，科技创新体系的主导因素将恢复到经济自由主义思想下的市场竞争，政府则主要发挥宏观调控作用。

从美国两党政治看，共和党和民主党对科技创新重要性的认识没有本质分歧。相对而言，罗斯福、肯尼迪、克林顿、奥巴马、拜登等民主党总统执政时期，科技创新政策普适性色彩较浓。艾森豪威尔、里根、特朗普等共和党总统执政时期，对创新链前端关注度不高，但在外界压力下，会应激性加强科技创新能力。[②]

二、生物医药

（一）通过政策营造创新环境，引导生物医药企业发展

生物医药产业的特征是高投入、高风险、周期长，生物医药企业投入有限，仅仅依靠企业进行产业研发是难以实现的，企业投入的资金有限，单纯依靠企业开展生物医药研发会影响其发展的进程。美国对生物医药产业发展的引导和支持不仅在于完善相关法律建设，还出

---

① 李哲，杨晶，朱丽楠. 美国国家创新体系的演化历程、特点及启示 [J]. 全球科技经济瞭望，2020（12）.

② 钱翰博，马祥涛，赵青等. 美国科技政策演化对创新体系的作用分析及相关思考 [J]. 科技中国，2023（10）.

台详细的规划，对生物医药企业的发展进行指导，促进生物医药技术成果市场化，进而推动整个生物医药产业的发展。通过财税政策，对生物医药企业实行税收优惠制度、研发抵扣制度；加大对知识产权保护的力度，保护生物医药企业的研发成果，促进研发成果的市场化，积极鼓励新药的研发和上市。2016年奥巴马和拜登启动"癌症登月计划"，利用免疫细胞治疗癌症，近年来，获得FDA批准的细胞和基因疗法数量持续增长。

（二）研发机构聚集产学研高效合作，奠定制药产业基础

产业集群已经成为区域参与全球竞争的重要力量，高技术产业发展更是呈现出典型的集群化特征。生物制药属于典型的"高投入、高风险、高产出、长周期"（"三高一长"）行业，集群化发展是生物医药产业的一种有效避险机制和竞争利器。同时，生物医药产业具有创新成本高、投资风险大、研发周期长等特点；产业技术新知识、新方法、新领域层出不穷，相关人员只有相互学习，才能保证知识及时更新，通过物理上的邻近，可以大大提高区域产业整体竞争力。美国公认的最顶级的生命科学集群有三个：大波士顿地区、圣地亚哥、湾区。首先，美国麻州大波士顿都会区从全球知名大药厂到员工可能仅三人的创业企业，方圆一平方英里之内集结了约60000名员工，数百家大大小小的生物医药公司。美国联邦政府跟"麻州"政府设立共同的研究室，提供实验室空间，更重要的是，也提供了丰沛的人际网络。圣地亚哥物价较低、生活便利，具有完整产业生态圈，该区拥有6所大学、80多个研究机构。其次，加州大学圣地亚哥分校是全美获得最多美国国立卫生研究院（NIH）经费的地区，在医学、生物、工程与生理学等生命科学领域的实力都非常强。这些学术机构、研发机构的力量整合在一起，形成了一个密集的科研聚落，直接带动生物医药产业的起飞。UCSD CONNECT是1985年加州大学圣地亚哥分校设立的组织，

目的就在于将研究成果应用于产学界。CONNECT 辅导成立的企业有数千家，还经常不定期举办联谊会、企管讲座，聚集新创团队、创投、学术机构、律师与各产业代表，为所有创新创业企业提供了肥沃优质的生长土壤，也帮助了初创公司从生物科技踏出商业化过程中关键的一步。最后，在旧金山硅谷湾区，生命科学生物技术集群最有吸引力。专注于健康和生命科学的加州大学旧金山分校（UCSF）有着在医学方面的绝对影响力，进驻湾区后它的定位成功地引发了精准的产业集群。有了高校作为锚点，湾区慢慢地生发出了整个产业生态，如加州定量生物科学研究所（QB3）、Gladstone 研究所和加州再生医学研究所（CIRM）等顶级研究机构，种子基金、孵化器、加速器等，促进了湾区成为生命医学的创新创业圣地。

（三）完善的成果转化体系为产业发展提供有力保障

波士顿以大型医疗机构和医学院校为中心，发展成为全球最著名的生物医药产业创新中心。以基础研发为主导，不断涌现的创新型生物技术初创公司集聚大型制药企业研发基地，叠加丰富的风投资源、成熟的资本市场运作以及完善的创新创业生态环境，共同构成了波士顿地区的成功经验。波士顿依托全球顶尖创新资源，集聚了生物医药领域全球最前沿的技术创新和技术工艺平台，也是吸引企业研发中心落地的关键因素。波士顿依托哈佛大学、麻省理工大学等全球顶尖高校和科研机构，集聚了一大批全球领先的生物医药技术创新和技术工艺平台，拥有全球最前沿的生物医药技术和工艺，这也是波士顿在土地空间有限、租金较高的条件下依然吸引了大批知名药企设立研发中心的关键要素。完善的成果转化体系是波士顿生物医药产业可持续竞争力的有力保障。波士顿依托高等院校、顶尖医院和科研机构等丰富的原始创新资源，构建了以基础研发为主导的产学研互动格局，高校成立技术转让办公室推动基础研究成果转化，医院通过"Bed-Bench-

Bed"的研发模式推动临床成果转化，科研机构以成果转移方式推动成果转化，形成了多样化成果转化模式。

（四）全产业链建设为创新奠定基础

全产业链的重要环节与关键节点，包含了从基础研究、应用研究、中试及临床试验、生产制造、销售服务等诸多环节。在基础研究阶段，高等学校及科研院所承担主体角色。波士顿地区将地方学院联合在一起，开展特色合作，综合科学、医学、工程三方面教育优势，联合培养医学硕博士。与麻省理工学院一街之隔的肯德尔广场附近聚集的近百家生物公司中的学术导师教授、创业导师为学院提供生物医药创业方面的相关指导，学研合作的科研加速器、科研项目孵化器推动技术转移与科研成果转化。在应用研究阶段，大型综合医药企业、生物技术公司、临床前合同研发外包机构等机构承担主体角色。在高校推动产学研融合基础上，临床前合同研发外包公司负责实验动物模型和服务、药物发现和安全性评价、生产支持等业务。在中试及临床试验阶段，医疗机构、中试基地、临床合同研发外包机构承担主体角色。包括建立转化性研究关系网络、推动大型药企和生物技术公司合作共赢、政府开放临床试验数据库、重视知识产权等，保障科研成果有效转化为生产力。在生产制造阶段，医药生产企业、合同加工外包机构、合同研发加工外包机构承担主体角色。由政府牵头建立的公共机构或由企业联合建立的非营利组织加强产业链中下游联系，对本州生命科学产业进行制度化与系统化的管理，鼓励了生物医药领域的各个环节的创新与研发。在销售服务阶段，医药销售公司、合同销售外包机构、医院、消费者承担主体角色。医药营销的数字化转型、产业联盟促进品牌推广，为推动生物医药全产业链建设提供末端支持。

三、数字科技

（一）加大基础科研和教育投入，强化国家数字科技相关政策和战略

美国高度重视数字战略布局，抓住数字化机遇，以"以信息为中心建设共享平台、以客户为中心建立安全隐私平台"为原则，采取了一系列相关配套措施来加速其数字化战略落地。21世纪以来，美国政府进一步聚焦大数据和人工智能等前沿数字技术领域，先后从国家战略高度实施了《网络与信息技术研发计划》《大数据研究与发展计划》《机器人技术路线图》《国家战略计算计划》《国家人工智能研究与发展战略计划》《国家宽带研究议程》《关键和新兴技术国家战略》等一系列关于技术发展的部署，有效促进了数字化转型的发展进程，始终保持着对数字技术未来发展方向的掌控。

（二）走"教育强国-经济强国-科技强国"的发展路径

美国领先的数字科技得益于整个国家过去积累的科技创新力量。从完成独立战争、建立美利坚合众国到科技和教育全面超越欧洲并成为科技强国，美国科技强国的发展经历了100多年的历史。美国科技的发展路径经历了"二战"前、"二战"和"冷战"时期以及"冷战"后三个典型的时期："二战"前，科技在很长一段时间内是跟随欧洲科学发展的步伐，从最初的自由发展到科学共同体的成立，再到内战后政府开始介入科学技术发展，走上了一条从自由发展到政府逐步介入的发展路径；"二战"和"冷战"时期，政府策划和支持科技，实现以军事科技为主的跨越发展，成为世界科技中心。"二战"后期，美国开始实现科学技术军转民的突破，尤其是"冷战"结束后，美国联邦政府的科技政策从注重军事科技转为着力发展基础研究和公益性研究，

在科研组织模式上体现自由研究和大科学计划相辅相成的模式；"冷战"后，美国企业成为创新主体，带动信息产业变革和数字科技革命，计算机产业发展迅速并带动全球的高科技信息产业，开拓了新一轮的产业革命，不断巩固科技强国地位，形成促进科技创新的国家体系和生态系统。作为云计算、物联网、大数据、人工智能为代表的新一代信息技术的技术发源地，美国数字科技拥有绝对优势，大量人工智能人才、全球互联网商业市场繁荣、移动互联网平台、社交网络平台、云计算等数字技术创新使其在数字技术产业领域拥有强有力的话语权。

（三）高度重视企业作为创新主体的作用

政府支持企业成为创新的主体。新一轮科技革命和产业变革孕育兴起，以数据为生产要素的新经济模式正在重塑全球经济格局和竞争优势，全数字化成为颠覆性创新的重要支撑；以平台经济为代表的信息经济快速兴起，形成经济新增长点和发展新模式。而在这一过程中，美国处于创新的前沿，引领着云计算、物联网、大数据、人工智能、分享经济等新技术、新模式发展。美国通过政策引导、税收优惠、投融资渠道等措施，鼓励企业技术创新，促进产学研各方交流合作，引导知识和技术向企业转移，共同推动科研联合体形成。美国谷歌、Facebook、微软、IBM、亚马逊、苹果等大企业，以及美国信息技术产业理事会、美国电气电子工程学会等重要行业组织在美国人工智能研发、政策和规则制定中提出重要建议，担当重要角色。

（四）良性运转的创新生态系统提供强大动力支持

创新生态系统是指由各类创新主体、创新种群、创新群落与其环境之间，不断进行能量流动和物质循环而形成的复杂统一体。美国已经在无形中形成了一个独特的、良性运转的创新生态系统，为创新活动乃至技术和产业变革提供源源不断的强大动力。美国的高技术企业与高校联系十分紧密，高度关注创新商业价值实现，有效促进科研成果的商业化，实现科技与经济、创新与商业的紧密结合。拥有完善的创新资本体系，灵活高效的激励措施、大企业孵化与创新中心培育等不断更新创新模式，进一步促进了创新成果的转化。基于完整高效、分工细化、互利共赢的产业链、价值链，初创公司、大公司通过资金投入、企业并购、培训人才等方式合作与竞争，形成充满活力的创新生态系统。

第三节　美国建设创新强国的经验与启示

一、美国科技创新政策与体系的思考

当今中美博弈的大环境下，"美国优先""科技脱钩""小院高墙"等科技民族主义甚嚣尘上，我们需要以史为鉴，梳理美国科技创新政策与体系的发展历程和演化特点，深入分析变革背后的推动因素。主要有以下三点思考。

（一）科技创新与经济发展融合统一

一方面，美国对创新的理解很长一段时间局限于科学和技术本身的突破，忽视了经济性和实用性，被讽刺"热衷于搞小玩意儿"，忽视制度创新、管理创新、生产创新、营销创新，使科学技术与市场经济脱节。"二战"之后，日本坚信技术要在离产品最近的地方下功夫，日本的快速追赶迫使美国重新审视科技创新与经济发展的内在关系，极大地刺激了美国此后科技创新体系的战略布局，实现了如今"经济-科技-经济"循环。

另一方面，美国传统的"冷战"思维模式和重军用、轻民用的科

技政策带来了持续影响。美国一直以"世界警察"自居，实施全球霸权战略与国民经济军事化。里根政府时代，美国50％以上研究经费用于军工综合体，最优秀的科学家与工程师大部分从事武器系统的开发与研制。而对民用工业的研究与开发相对轻视，使美国制造业国际竞争力一度濒临危机，科技创新持久力显露疲态。这也正是奥巴马政府掀起"再工业化"浪潮的根本所在。

（二）国会是科技政策的稳定器

美国的选举制度决定了两党因政见不合拒绝执行，甚至彻底推翻前任政策的情况屡屡发生，对科技创新体系的战略规划和持续完善埋下了巨大的不安定因素。但如果相关政策涉及国会立法，那么总统无法直接修改法案，需要寻求国会中本党盟友的支持，而这并不容易办到。美国的国会立法程序相当复杂且充分体现分权制衡原则，一个法案颁布需要两院均表决通过，且法案内容需与草案内容完全一致，这相当于在激烈的党派竞争中间加了一个稳定器，使美国科技创新体系的构建能够基本平稳，呈现"螺旋上升""收敛演化"的特点。

（三）人才战略是科技创新体系核心

美国科技创新得以长期保持持久动力的关键核心主要在于加强自身强大科研创新能力建设，尤其是对人才等科技创新要素的高度重视与长期布局和在重点领域和产业加强人才培养。总统科技顾问委员会提出建设关注先进制造、人工智能、量子信息科学、生物技术、先进通信网络的未来产业研究院，并把培育跨学科跨领域的优秀未来科技人才和促进高技术产业人力资源发展作为研究院重要功能，将人才培育成果作为核心考核指标。在STEM（科学、技术、工程、数学）人才教育方面不断强化人才培养力度，提供资金和政策倾斜。拜登上台后公布的科学、技术、工程与数学"一揽子计划"中提出投入1000亿美元用于人才培养。

人才引进方面，除在 5G、人工智能、量子计算等新兴技术领域放宽科技移民政策以强化人才优势外，还在 2022 年 7 月底专门发布关于非美国公民在 STEM 领域工作的并获得临时签证和永久移民的信息总览，公布针对获得学位的毕业生、公司员工、技术工人和高层次人才等类别的相应申请渠道。《美国竞争法案》明确提出改革阻碍科技人才聘用、留住、晋升的内部制度障碍，如允许国家实验室人员通过学术休假、休假创业推进实验室成果转化，允许国家实验室非联邦雇员对外兼职兼薪。总统科技顾问委员会建议建立新型研发机构，改善政府资助的研究需要科研人员花费大量精力从事行政工作现状。

美国"虹吸效应"实际是人才的"自我搬运"，"吸浆抽髓""聚天下英才而用"不仅滋养了美国的创新沃土，也让其他国家的人才堤坝警报长鸣，"拆东墙补西墙"拉开了东西方科技实力差距。人才问题不同于经济问题，不是"你高我低"，而是"你有我无"。"为谁培养人"是我们需要深思的问题。因此，我国应完善优化科技人才培养机制，打造体系化、高层次基础研究人才培养平台，加大各类人才计划对基础研究的支持力度，推进高水平科技人才的"引、培、留、育、用"。

二、美国科技创新政策与体系的启示

(一)"三位一体"的创新体系

美国科技管理体系中多元分散的管理方式使得行政、司法和立法三个系统不同程度参与到国家科技发展路径和科技政策的制定中来，科技工作分散到各职能部门中，涵盖了科技发展的全链条。科研开发体系中，政府充当了"领头羊"和购买人的角色，高校承担了成果人才输出者，保证了对市场的供给，企业则成为科技成果转化的主力军，这样的分工引导技术成果向企业转移，推动了政产学研金用联合体的形成。法律政策体系在宏观层面构建了倡导自主探索科学的社会风气，完善的法律成为科研工作者的"压舱石"，扩大了科技活动的范围。这种创新体系形成了科创资源供给链条，自上而下保证了科技资源、资金、人才、政策对科技创新的有效支撑。

（二）政府对科技创新的主导与支持

美国政府在科技管理体制中既有分散也有集中，科技工作由多个政府部门来落实，资金预算由统一部门进行划拨，依靠政府大量稳定的科技资金投入推动大量科技成果的形成，为产业发展奠定坚实基础。政府实施了一系列有利于科技创新的法律和政策，从供给侧、需求侧和实施保障上来促进技术创新活动的开展。2019 年，中国提出了"构建新型举国体制"，政府加大科技投入，集中力量保证核心技术突破，各级政策推动各创新主体参与科技成果转化，避免不当干预，鼓励风险创业投资对成果转化的推动，将进一步发挥"集中力量办大事"的优势，最终形成政产学研金用协同配合的"创新雨林生态"。

（三）始终重视基础研究和人才引育

美国认为基础研究是科技创新的源头，基础研究的最终目的是提升应用创新能力。但并非一味加强基础研究，而是加强基础研究和应用研究的关联性，利用宽松移民政策保持着全球最大技术移民输入国地位，将移民的 50％配额给予急需的专业高水平人才，不断增加高技术移民配额，以保持长久的科技竞争力。在中国面临外部压力日趋严重的情况下，要从经济社会发展和国家安全面临的实际问题出发，基础研究要应用牵引、突破瓶颈，鼓励高校、院所、企业加大基础研究的投入力度，形成持续稳定的投入机制。同时，坚持"科技创新的关键是科技人才"理念，努力造就一批具有世界影响力的顶尖科技人才、创新团队。

（四）坚实的合作伙伴关系

美国政府、高校和企业在科技创新发展过程中形成了一个紧密而坚实的合作伙伴关系，形成了分工协作的创新网络。三者分别拥有独属自身的专用资源，使得因资源互补性而建立组织间关系，并实现资源共享和紧密合作，降低了外部环境的复杂性、不确定性，使每一个科创主体加快创新进程，融入创新环境。在中国建设科技协同创新体系的过程中，科技领军企业要发挥市场需求、集成创新、组织平台的优势，打通科技强企的通道；高校要发挥基础研究和学科交叉的优势，成为关键核心科技突破的主力军；政府要立足自身优势，结合产业发展需求，利用政策、资金正向激励企业创新，加快构建龙头企业牵头、高校院所支撑、各创新主体相互协同的创新联合体，提高科技成果转移转化成效，加快科技创新强国步伐。

（五）以国防科技创新推动国家科技进步

美国将国防科技需求作为国家科技发展的主要方向，用半个世纪时间形成了世界规模最大、体系最完整、科研能力最强的国防科技创新体系。一方面，国防科技创新大多集中在尖端科技领域，是"创新驱动"和"科技强军"的融合交汇，具有极强的溢出效应和拉动效应，可以为中国在军事上掌握技术优势和占领战略制高点奠定基础。另一方面，国防科研"国家队"会带动大量基础研究、应用研究、技术开发、人才培养和军事成果"军转民"，通过加快国防科技创新，可以进一步带动国家科技创新总体水平的提升。

本章小结

美国创新强国的地位是通过长期的历史积累、政策支持、制度创新、优秀的科研环境、积极的人才引进策略等多方面因素共同作用的结果。包括注重培养科技人才，通过教育、培训等方式提高国民的科技素养和创新能力，积极营造有利于科技创新的社会环境和文化氛围，鼓励人们勇于探索、敢于创新；加大科研投入、鼓励创新和创业、加强产学研合作、加强国际合作与交流、注重知识产权保护和培养科技人才等。此外，培育国家创新体系和创新文化、多个区域创新中心的有机协同创新生态系统，注重知识产权保护，完善促进科技成果转化的风险资本、人才育引留用体系等。这些经验表明，建设科技创新强国是一个系统工程，需要在制度、文化、教育、资金、政策等多个方面形成合力。

第七章

以色列科技创新发展之路

第一节　以色列科技创新国家发展战略

以色列是当代世界上最具科技创新活力的国家之一，享有"创新国度"和"第二硅谷"的美誉，研发投入强度全球第一，拥有完善的科技创新体系，建立了各类科技创新企业培养基地，国家科研气氛浓厚，其军工科技、生物技术和信息技术等处于世界领先地位。

一、以色列实施科技兴国战略背景

在世界多极化和经济全球化进程不断加深的今天，增强创新竞争力是各国保持发展优势与提升国际影响力的关键。自 1948 年建国以来，以色列克服地缘局限与资源障碍，实施科教兴国战略，充分利用第三次科技革命带来的契机，发展技术导向型和出口导向型产业，成为"创新的国度"。

以色列的科技兴国战略在制度建设上配套完善、布局久远，科技创新在以色列建国后始终被置于国家经济发展的重要地位，而以色列能够提出并长期坚持和完善这一发展战略，实际上与其国家安全处境、国际经济背景和本身的文化特征都有着密不可分的联系。

（一）复杂的国家安全环境

以色列国土面积狭小，自然资源稀缺，缺乏承载民族国家向地区大国跨越的自然条件。与此同时，以色列面临来自周边国家的安全威胁，因此以色列政府需要在国防技术领域形成对周边国家的优势，以弥补其在资源上的劣势，正如本·古里安所说的"以色列必须汇集所能提供的最强的科技力量，使之与国家的发展和安全相适应"。进入 21世纪，国家安全的需求开始从领土主权向网络、空间和生物等多个领域拓展，国际恐怖威胁逐渐立体化，传染性疾病流行风险大大提高，种种威胁时刻考验着以色列维护国家安全的能力。在此背景下，以色列急需全方位提高国家应对新威胁的技术能力，生物技术、通信技术等专业技术门类被纳入《创新 2012 计划》的重点发展规划，成为以色列在未来应对更为复杂的安全形势的重要手段。

（二）国际经济增长动力的转换

20 世纪 80 年代之后，特别是 2008 年国际金融危机以来，国际经济的增长动力从生产端转向流通端与消费端，促进生产要素流动、提高人们生活质量的大量科学技术与概念相继问世，半导体、通信、互联网、生物医疗和材料工业等成为刺激经济发展的动力。为了促进国民经济增长，同时为了在未来的全球竞争中掌握主导权，世界各主要经济体相继推出了科技政策，如美国里根时期的"星球大战计划"、小布什时期的《美国竞争力法案》、2021 年的《无尽前沿法案》，欧洲的"尤里卡计划"、"第七框架计划"，日本的"科学技术基本计划"等。世界各国在 20 世纪末 21 世纪初的近 20 年里不约而同地将国家资源向科研领域倾斜，阿联酋、卡塔尔等中东国家也相继开启了产业政策革新。这一时期，以色列也不断深化科研体系改革，加大科研支持力度，进而完善相关科研产业政策内容。

（三）以色列优秀的创新文化与教育体系

犹太民族自古以来便保留着崇智的文化传统，犹太人追求知识与智慧的观念代代相传，从而形成了其追求创新、崇尚知识的民族文化。正如美国作家丹·赛诺在其著作《创业的国度：以色列经济奇迹的启示》中所说的，"如果一个以色列商人有一个生意上的点子，那他在一周之内就会将它付诸实践"，这一民族文化切实影响着以色列国民对待科研创新的态度。除此之外，以色列优秀的教育资源与制度还为科技兴国战略培养了高素质的科研人才。以色列的教育制度为每位公民提供 15 年义务教育的条件；以色列境内有 60 多所高等教育机构，包括希伯来大学和以色列理工学院等世界名校。以色列还建立了资优中心、卓越研究中心和未来科学家中心等青少年精英教育机构。在这样的教育资源下，以色列的高等教育普及率高达 70%，从而在人力资源层面为国家各项科研工作提供了保障。

二、以色列科技兴国战略主要内容

（一）法律政策与机构制度来增强科研力量

早在 20 世纪 50 年代末 60 年代初，以色列便将科技兴国视为一项重要的国家发展战略规划，并从制度层面搭建与完善国家科研管理机构。在这一时期以色列政府陆续成立了负责协调政府部门科研工作的全国研究与发展委员会和部长级科学技术委员会，成立于 1961 年的科学与人文科学院则负责早期以色列的基础科学研究工作。"六五战争"之后，以色列为了维护科技主权与安全，开始加强科研工作的专业性，并从 1969 年开始在 13 个内阁部门内设立首席科学家办公室，负责各部门科技政策和发展规划的制定与实施，这一具有突破性的制度在之后的 50 多年里承担着引导和管理国家科研工作的重任。1984年，为了尽快适应新的国际政治经济形势，以色列政府出台了《产业研发促进法》。根据该法律，以色列政府在工业、贸易与劳动部内成立产业研发中心，并委任工业、贸易与劳动部的首席科学家办公室加以管理。该中心负责运营管理研发支持基金，通过该基金，以色列的科研单位每年可以获得总计 15 亿新谢克尔的科研补助。这极大地提高了以色列企业进行技术研发的动力，以色列也成功地将国家科研力量向政府急需的技术领域引导，为以色列高技术企业的腾飞奠定了基础。

进入 21 世纪，以色列紧跟第四次工业革命浪潮，着力增强本国技术研发能力和科技产业实力，力图以科技创新引领国家经济实现跨越式发展。从 2008 年开始，以色列政府相继提出《2028 年愿景与战略》、《创新 2012 计划》和《以色列 2015 年愿景》等发展规划，从宏观层面开展科技创新道路的总体布局。根据上述发展规划的安排，以色列自2016 年开始对科研管理制度进行结构性改革，设立以色列国家创新局（NATI）来取代产业研发中心，管理研发支持基金，对企业科研融资业务进行金融化管理，以降低融资成本，从而将科学技术研发对以色列的重要性提升到新的高度。

（二）打通科研的输出端，将科研成果转化为经济效益

以色列自 1991 年开始推行孵化器发展计划，为孵化器提供 85% 的项目预算资金，大量高风险、高技术的创新成果得以在孵化器中发展成长，避免了融资风险与来自市场的恶劣竞争，大部分科技运营团队最终转化为具有行业竞争力的初创公司。时至今日，虽然政府资金开始陆续退出孵化器项目，但是约 400 家各类型的孵化器仍然在以色列的科技发展中发挥重要的作用。2022 年 3 月，以色列国家创新局启动了一项新的孵化器计划，准备向卫生产业、生物融合技术、气候相关

技术、食品技术和空间技术五个领域投入约 5 亿新谢克尔的资金，在新冠疫情大背景下为以色列的经济发展注入新的动力。在加大本国初创企业培育力度的基础上，以色列还大力完善国家风险投资体系，为本国科学技术产业化提供支持。1993 年以色列政府推出名为"YOZ-MA"的风险投资计划，为获得海外投资的中小科技企业提供 1：1 的配对资金支持，从而提高以色列科技产业的生存率。经过近 30 年的发展，"YOZMA"计划管辖下的资金已经达到 40 亿美元，直接投资了 50 余家科技公司。与此同时，在以色列政府引导下，风险投资行业在以色列蓬勃发展，不仅支持了以色列本土科技企业的发展，也为微软、IBM 等海外高科技企业在以色列的落地打下了坚实基础。

随着电子科技和网络信息技术的不断融合发展，数字经济成为展示国家信息和经济发展实力的重要领域。2013 年以后，以色列相继颁布了多个促进信息技术与数字经济发展的法规和条例。2013 年 12 月，以色列发布第一个加快国家数字化建设的决议，走上了建设数字政府、发展数字经济、创建数字社会的快车道。2015 年，设立数字以色列局来推进更全面的数字经济和数字社会建设。2016 年，推出政府科技奖励计划，为"数字以色列"的相关创业公司提供融资。2017 年 6 月，以色列国会通过了"数字以色列"5 年计划（2017—2022 年），授权数字以色列局作为推动该计划的政府主导部门。目前，以色列数字经济的发展规模和水平已处于世界前列。

（三）通过外交行动开展科技合作

通过科技外交的方式吸引国际先进科技生产要素。一方面，以色列利用犹太主体民族国家的吸引力拓宽海外犹太人特别是高技术人员的移民渠道。从 2008 年开始，以色列相继实施了"60 年归国计划"、"卓越研究中心计划"、"引进人才计划"和"Zuckerman STEM 领导力项目"等国际高端人才吸引计划，其中 2013 年推出的"引进人才计划"在实施第一年便吸引了294名研究人员归国，为以色列的科技兴国道路提供了充足的人才储备。另一方面，以色列还与世界主要科技强国合作搭建国际科技合作平台，例如以色列和美国合作设立的科学基金会、农业与开发基金会以及工业研究与开发基金会，以色列与德国合作设立的德以科研基金会等。这些基金会及其组织成立的国际合作企业发展成果显著。

三、以色列科技创新战略的特点

（一）科技创新政策具有长期性和延续性，服务于国家中长期发展战略

以色列先后于1969年、1984年和1991年制定了首席科学家制度、研发支持基金和"孵化器"制度，这些制度奠定了以色列的诸多科技创新政策的基础，以色列政府陆续提出了诸多小型产业援助政策和科研计划，如竞争性研发计划、种子计划、促进投资与创新采用计划、预竞争和长期研发计划、杂交种子计划，这些计划囊括了科研企业融资、科技成果转移、初创企业培养等多方面的科研支持政策，但所有政策无一例外都是在工业、贸易与劳动部首席科学家办公室以及后来的以色列国家创新局的组织框架内进行统一管理的，包括《创新2012计划》在内的宏观计划也是如此。可以说，在以色列大力推进科技创新的60多年里，无论以色列的科技创新政策发生什么样的调整和变化，以色列都坚持实行既有的科技创新制度，并对制度进行系统性完善，从而打造了一整套成熟的现行政策。相比于有的国家科技创新昙花一现，以色列科技创新政策的稳定性和延续性保证了以色列科技企业和科研项目的稳定发展，政策依据国家需要进行及时调整与更新，这也为科技创新战略增添了生命力。

（二）科技创新政策以市场为主导，促进科研成果转化为经济效益

出于产业转型的需要，20 世纪 60、70 年代以色列的科技创新政策是在国防部和工业、贸易与劳动部等几个内阁部门主导下推进的，以便科研成果能够及时地转化为国家安全收益。冷战结束后，以色列的科研扶植政策开始面向民间，并逐渐将私人资本作为主要的服务对象，其中最具代表性的行动便是 20 世纪 90 年代的市场化改革。从 1991 年开始，以色列政府通过国有风险投资公司向受援对象发放资金，受援对象也从最初的技术项目扩展到高校、科研机构和高科技企业，风投公司在调动政府基金的同时广泛吸收民间资本，低税收和开放的投资环境吸引了大量海外科技巨头陆续投资以色列，从而实现了国家科研资金的回流。除此之外，由于风投公司以市场化标准运营，包括希伯来大学、特拉维夫大学和魏茨曼科学研究所在内的高校和科研机构也开始成为科研的主力军，这些机构受市场引导，将科研资源向市场需求倾斜，大量的技术转移办公室也是在这一时期设立的。可以看到，通过市场化运营，以色列的科技创新政策使科研主体扩展到全社会层面，更多的社会资源被调动起来，不仅形成了成熟的产业-高校-科研机构三方科研创新格局，来自海外高科技企业的新技术也有助于以色列本土科技水平的提高。

（三）科技创新政策瞄准尖端技术，力求重点领域的突破性创新

从 20 世纪 60 年代以色列走上科技兴国道路开始，提高高附加值产品生产能力、谋求全球产业竞争优势便成为以色列科技创新政策的主要目标，在逐渐减少劳动密集型企业的基础上，以色列又放弃了大量基础科学研究，将主要资源投入工程类学科建设，并且具有前瞻性地重点发展跨时代的科学技术。在《创新 2012 计划》中，以色列将生物技术、清洁能源技术和民用航天这三个在 2008 年并不热门的科研方

向作为重点发展对象，而时至今日，国际生物安全威胁加大，应对气候变化成为国际上的主要议题，《创新 2012 计划》中上述三个领域的科技发展已成为以色列跻身全球超级大国的保障。在当前复杂的国际经济环境下，以色列也没有放弃对高精尖技术的重点投资，根据以色列国家创新局 2021 年度的报告，自动驾驶技术、无人机和人工智能软件等是以色列参与第四次工业革命的重点科技领域。

（四）实施多部门多政策联动的创新战略，打造多方力量推进格局

以色列的科技创新政策囊括了科研支持、产业投资、成果转化、基础教育、人才培养、人才引进和金融化管理等多个方面，经济产业部、国防部、建设部、教育部、科技与空间部和国家创新局等部门相互配合，共同组成了以色列当前的科技创新体系。得益于首席科学家制度，首席科学家办公室制定了科学的发展规划之后，以色列各部门之间能够很快通过部际科技联合委员会进行沟通协调，并形成统一的政策意见。这一制度不同于美国在制定创新政策时更多地依赖临时委员会，长期的机制性建设既保证了部门间协调的稳定性，又确保了政策的一贯性。人才引进制度所吸引的海外人才填补了孵化企业的人才空缺，高校和科研机构的新技术又能准确地解决某些企业发展所面临的问题。国家创新局成立之后，包括双边研发支持基金合作机制在内的科技外交合作机制被纳入统一管理范畴，国内外合作联动异常紧密，可以说，这种多部门、多政策的联动配合正是以色列科技创新战略能够顺利实施的保障。

第二节　以色列高科技产业创新研究

近几十年来，高科技产业成为以色列经济极其重要的产业之一。

高科技产业占 GDP 的比重从 2000 年的 10％增加到 2021 年的 15.3％。经济合作与发展组织（OECD）的统计数据显示，2013 年以来，以色列研发投入强度全球第一，2020 年以色列研发投入占 GDP 的比重高达5.4％。2021 年以色列高科技出口取得了重大突破，出口额首次超过该国出口总额的 50％，高达 54％。此外，以色列所有受薪员工中的高科技员工占比于 2021 年首次突破 10％，达到 10.4％。世界知识产权组织发布的《2021 年全球创新指数报告》显示，以色列的创新总指数居榜单第 15 名，研发公共支出、风险资本投资范围、信息与通信技术产品出口以及创新领域跨部门合作等多个子指标得分排名全球第一。

一、高科技出口情况

以色列高科技行业从新冠疫情的影响中恢复的速度快于其他经济领域。2022 年以色列创新局的数据显示，2021 年以色列高科技产业产值增长超过 10％，达到 2370 亿新谢克尔，占 GDP 的 15.3％；2021 年以色列高科技出口额占该国出口总额的 50％以上，约为 670 亿美元，其中高科技产业出口占 16％，高科技服务出口占 38％，非高科技出口占 46％。上述数据反映出高科技产业在以色列经济中的核心地位，以及其作为以色列主要经济增长引擎的作用。

二、高科技产业受雇员工情况

近年来，以色列高科技产业的受雇员工人数持续增长。2022 年以色列创新局的数据显示，截至 2021 年底，以色列高科技产业受雇员工人数已近 40 万人，占该国受雇员工总数的 10.4％，该数据位居世界前列。一般而言，高科技产业主要吸引年轻人就业，但以色列从事高科技产业的所有年龄组的人数都呈现增加态势。从受雇员工年龄分组来看，在 30～34 岁年龄组中，高科技产业受雇员工人数占受雇员工总人数的比例从 2012 年的 10.3% 上升到 2021 年的 14.3%，该年龄组在所有年龄组中占比最高；在 45～64 岁年龄组中，该比例从 2012 年的 6% 上升到 2021 年的 11%。受新冠疫情影响，以色列高科技产业的就业率波动较大，但整体呈现增长态势。2020 年高科技产业受雇员工较 2019 年仅增加了 1.4 万人，2021 年高科技产业新员工人数为 2.7 万人，这预示着以色列高科技产业的复苏。特拉维夫是以色列的高科技之都，拥有全国 1/3 以上的高科技公司和该行业 1/4 的员工。

三、促进高科技产业创新应对之策

（一）提升初创企业创新活力

以色列创新局支持初创企业，以及有兴趣通过技术孵化器和创新实验室等合作伙伴接触开放式创新的企业，并为其制订了一系列扶持计划，如构思计划、种子计划、技术孵化器计划、周边创业孵化器计划、技术创新实验室计划等。针对初创人才，以色列制订了编码训练营计划、高科技专业化计划、高科技人力资本基金、行业培训和安置计划、培养企业家精神和种子期、初创期企业计划等。

在支持创新企业方面，以技术创新实验室计划为例，该计划面向项目处于初创阶段，需要利用独特的基础设施和专业知识来证明其技术理念可行性的企业家。该计划通过行业领先企业提供的采用开放创新模式运营的创新实验室来实现，使初创企业能够获得它们当下无法获得的独特技术基础设施、市场洞察力以及独特的营销渠道和专业知识。该计划提供为期 1 年最多 100 万新谢克尔的支持，数字健康子计划提供为期 2 年最多 300 万新谢克尔的支持。

在培养创业人才方面，以高科技专业化计划为例，为应对高科技行业缺乏有经验工人的挑战，该计划为高科技公司提供赠款，对具有学士学位或技术专业实用工程学位的新毕业生开展专业技能培训。初级培训模式将根据每个公司的具体需求进行调整。此外，培养企业家精神和种子期、初创期企业计划，旨在建立一个发现处于构思阶段的初创企业和初创人才的网络，搭建具有企业家精神的创新生态系统，并增加投资种子期初创企业的投资者数量。该计划通过三个子计划鼓励创业，以增加处于种子期的初创企业的数量。一是天使俱乐部计划。拥有天使俱乐部的 3 年特许经营权，每年将获得 90 万新谢克尔的资助。二是技术创新中心计划。拥有技术创新中心的 5 年特许经营权，每年将获得 200 万新谢克尔的建设经费，如果中心计划提案旨在提高高科技产业就业率的活动，每个运营年度可再获得 100 万新谢克尔资助。三是技术加速器计划。拥有为期 2～4 年的技术加速器特许经营权，每年将获得 100 万新谢克尔资助。

（二）加强学术界和工业界的合作

以色列创新局为推动学术界与工业界之间深度合作，先后推出了磁铁联盟计划、学术知识转移计划、知识商业化计划、军民双重研发计划、研发基础设施设备计划和行业应用研究计划，以确保其能够持续地创新研发。2010—2021 年，在磁铁联盟计划实施期间，以色列建立了 38 个产学研联盟，涵盖了以色列数百家大公司、中小企业和所有以色列大学。此外，为协调学术界和工业界存在的显著文化差异，如工作节奏、工作目标不同等，以色列创新局制订了知识商业化计划和行业应用研究计划两个特殊计划。其中，知识商业化计划是为了促进以色列学术界与工业界合作，证明初步学术研究成果的技术可行性。该计划旨在使公司能够吸收学术机构开发的知识，并使其适应开发突破性产品的需求。行业应用研究计划面向突破性技术研究或初步开发需投入大量资金的企业，旨在弥合学术界创造的知识与行业需求间的差距，并为科研成果提供技术概念验证。该计划具有以下三个特点：一是关注创新高风险研发，帮助从事高风险研究的企业和创新技术开发公司打入新市场并影响以色列经济的增长。二是极具吸引力的资金支持模式。具有风险的新技术无论未来是否成功、是否产生利润，拨款都占到批准项目总预算的 55％。三是支持建立质量标准。以色列创新局支持企业在顺利完成项目并通过全面、专业的评价后，建立相关的行业质量标准。该行业质量标准将有助于公司吸引更多的投资者。

（三）强化创新与公共部门、私营部门的联系

以色列政府为提高监管环境、公共部门数字化进程、大数据和人工智能等技术应用方面的水平，一方面通过加快国家光纤部署等方式提升先进通信基础设施的建设水平，另一方面努力构建政府部门、技术公司、监管机构、测试场所和实施主体之间的跨部门合作机制，建立支持创新的环境和监管运营框架体系，为创新技术提供测试计划，并帮助参与合作的技术公司在成功试点后顺利进入市场。

以色列政府发起了促进以色列自动驾驶公共交通联合倡议，2022年实施了改变现实的创新计划。该计划分为两个阶段，第一阶段自动驾驶系统研发企业将在指定的试点进行自动驾驶巴士测试，以实现技术和监管可行性；第二阶段公共交通运营商将在公共道路上运营一条自主公共交通线路，试点两年内范围稳步扩大。该计划将有助于连接公共交通运营商和自动驾驶系统研发企业，加深公众对自动驾驶汽车的了解。

当前，创新技术发展速度快，总体上快于监管政策制定和更新的速度，监管机构缺乏全面监管行业所需的技术知识。为此，许多国家采用"监管沙盒"方式引领和支持技术创新，推动企业和机构在不违反现有监管规则的情况下测试创新产品、服务和商业模式。2022年3月，以色列政府批准了公路运输令修正案，通过调整监管推动创新。以色列"监管沙盒"的独特之处在于，自动驾驶汽车可以在任何地方进行商业运营，并且不受限制，这将为自动驾驶汽车的测试提供极大便利。

第三节　以色列防治荒漠化科技创新发展

以色列是受荒漠化威胁最为严重的国家之一，沙漠广布、气候炎热干旱、风力侵蚀等自然因素是以色列荒漠化的主要成因。多年来，以色列采取了防治荒漠化的诸多举措，包括建立相关机构、制定相应的法律法规、发展沙漠农业、推进沙漠城市化和植树造林等。在政府部门、非政府组织和社会各阶层的共同努力下，以色列荒漠化防治取得了显著成效，成为世界上防治荒漠化最为成功的国家。

一、以色列防治荒漠化的科技举措

以色列应对荒漠化的方式是发展沙漠农业，而高超的科学技术是发展沙漠农业的重要手段。以色列凭借科技化的灌溉方式和高效的水资源管理方式，积极高效地在沙漠中开展农业活动，并创造出独具特色的"农业奇迹"。

(一) 采用灌溉技术发展沙漠农业

1948 年以前，内格夫地区的农作物主要依靠地表灌溉，洪水和沟渠灌溉是最常见的灌溉方式。然而，在干旱和半干旱地区从事农业活动的居民很快意识到，经济可行的农业生产既受到水资源短缺的制约，也受到水资源供应不确定性的制约。这一认识促使农民通过打井来抽取地下水，然而，此法所获得的水量很小，而且水的盐度往往太高，不适合农业使用。20 世纪 60 年代，以色列各方在长期努力下，改进和推广了以"滴灌"为主的灌溉技术。滴灌的一大优点在于使用领域的全面性以及使用方式的灵活性，处于险峻地势的耕地亦可实现充分灌溉。此外肥料可以和水混合在一起滴灌，水和肥料直接滴到作物根部系统所在的土壤，不仅能经济地使用水和肥料，也减少了盐碱化的危险。此外，采用滴灌的土地很少生长杂草，也减少了除草剂的用量。随着信息技术的发展，滴灌技术也不断进步。如今，以色列的全部滴灌系统均已实现电脑精准操控，以色列科学家在每一处农田都设置了装载电脑芯片的感应器，感应器具有全程监测土壤及农作物湿度变化和酸碱度变化的功能，并以此为参考自动调节滴灌的时间和用水量，大大节约了人力成本，进一步提升了灌溉的效率。滴灌技术的使用是以色列农业发展的里程碑，为沙漠农业的繁荣发展提供了强大的技术支持。

以色列利用温室大棚发展"保护性农业"，是解决农业灌溉用水不足问题的另一方案。在干旱土地的温室大棚中，尤其在夏冬两季能够合理控制棚内温度。在以色列，与"保护性农业"有关的技术包括合成纤维、制冷与取暖装置、机械装置、滴灌、施肥、生长基质和昆虫传粉者的供应等。无论是在完全封闭的温室大棚，还是在规定的季节和时间部分开放的旱地温室，都可以达到利用二氧化碳施肥和防止昆虫进入的效果，从而减少杀虫剂的使用。干旱农业利用温室大棚的技术，大大减轻了对土壤资源需求的压力，也是防治荒漠化的创新改良方案之一。

（二）采用现代化养殖技术解决土地荒漠化

为了预防荒漠化，减少对土壤的消耗，以色列还大力发展集约化水产养殖。除水库和池塘养殖是粗放和半精养外，以色列水产养殖场采用高度集约化的养殖模式，其具体体现是高度的机械化和自动化，投饵、换水、充氧、溶氧及水温检测皆为电脑控制，根据设定程序自动完成，甚至连疫苗注射和收鱼都是机械化，水产养殖和机械化、自动化控制紧密结合。现代化的养殖技术是沙漠鱼塘能够高产的原因，在养殖的过程中通过计算机就能对鱼塘情况进行自动控制，系统会自动将饲料储存仓中的食物通过管道投放到鱼塘，增氧设备不停打转直接将氧气送入鱼塘。以色列发展水产养殖业不仅是避免土地荒漠化的一种生产方式，而且为当地农民创收作出了贡献。

以色列在沙漠地区巧妙应用养鱼技术，创造了具有神奇效果的鱼塘养殖系统。由于地下水盐度较高，不适合种植，以色列渔业从业者将目光投向了这些含盐地下水。利用地下水养鱼不仅不需要处理水质，而且水温常年保持在适宜鱼类生长的温度。通过计算机自动控制鱼塘的运行，提拉特采维基布兹养鱼场大大降低了人力成本。此外，以色列的科学家还开发出沙漠养鱼的新方法，利用生物过滤器和特殊培养的细菌处理养鱼产生的废水。这种技术可以在任何地方使用，包括远离海洋的沙漠地区。以色列的沙漠养鱼技术能够为沙漠地区提供海鲜资源，满足人们对鱼类的需求，同时创造了经济和就业机会。在水环境处理方面，以色列利用自动化控制和循环过滤水来充氧，实现了水的多次循环利用和零排放的目标。此外，以色列还推动了无须更换水或使用化学品的陆地养殖技术，通过生物过滤器和专门培育的细菌来处理鱼类生长的水环境，实现了高容量水产养殖和资源节约。以色列的系统化养殖技术在各领域展现出高效、节约和环保的特点。

（三）稀树草原化技术提升植被覆盖率

植树造林作为以色列防治荒漠化总战略中的重要环节，在政府机构、非政府组织和民众的努力下，取得了令人瞩目的成就。以色列在各个地区广泛开展植树造林活动。以色列将全国近 1/10 的土地（近 20 万公顷）指定为林地，其中大部分在干旱的南部地区，已经种植了 6 万公顷，计划再种植 3 万公顷。剩余的 11 万公顷将保留为天然林地的开放空间，这有助于提高内格夫地区土壤肥力及相关经济效益，如为公众提供休闲空间等，同时这片广阔的空间将为野生动物提供庇护。

在过去50年中，以色列在大约200个地区种植了2.6亿棵树，面积超过1000平方千米，主要种植在半干旱地区、不适合开展农业以及土地退化风险高的多岩石丘陵地区。

以色列在因过度放牧而导致退化的土地上植树造林。放牧的减少和树木的遮阴作用促进了许多荒地上原生植被的恢复，进一步促进了土壤保护。此外，植树造林有利于降水入渗，从而促进土壤水分和局部含水层补给。以色列通过沿着小溪植树造林的方式，稳定了沙丘，减少了大风和沙尘的影响，这对近年来开展周边旅游及休闲活动大有裨益。

以色列采用"稀树草原化"种植方法成效显著。在长期的造林活动中，以色列根据干旱和半干旱地区的土地条件研发出了多种特殊的播种方式，其中最著名的是"稀树草原化"的方法。该技术是在通过等高沟采集地表径流的基础上，在山坡上植树造林。事实证明，在没有外部丰富资源的情况下，稀树草原化可以有效抵制荒漠化，还可以减少山洪暴发和削弱土壤侵蚀带来的损害，提高半干旱土壤的整体生产力和生物多样性。

二、科技创新促进以色列防治荒漠化的经验与启示

（一）政府高度重视科技创新

在国家整体战略的引导下，以色列将科技创新应用于各行各业。在防治荒漠化的过程中，以色列政府高度重视科技创新，将先进的科学技术应用于农业生产、水资源管理和植树造林活动中，这为以色列成功防治荒漠化提供了坚实的保障。以色列政府将沙漠农业的发展视为防治荒漠化的一种有效方式。以色列政府将宏观调控和具体指导两种方式相结合，派遣相关技术人员深入乡村为农民传授先进的农业生产技术，保证新技术在农业领域得到充分地贯彻落实。直至20世纪下

半叶，以色列已经形成了高投入、高技术和高效益的特色农业体系，为沙漠农业的持续发展提供了强有力的技术保障。

（二）农业科研机构数量众多且涉猎广泛

以色列的农业科研机构数量众多且涉猎广泛，众多高等院校针对不同领域设有数量可观的研究单位，除此之外，以色列全国还有数以千计的高新技术企业。诸多农业科研机构的存在使以色列的农业技术得以持久繁荣发展，新技术层出不穷，以色列的农业活动为防治荒漠化提供了不竭的科技动力。由此可见，以色列政府将沙漠农业的发展作为防治荒漠化工作的核心内容，滴灌技术、稀树草原化等高科技的应用不仅推动了农业发展，还有效地治理了内格夫等沙漠地区的荒漠化问题。

（三）扎实的学术研究是科技创新的坚实基础

以色列在荒漠化治理中以其技术创新和应用在农业领域的成功而闻名。他们利用科技手段解决了耕地匮乏、水资源短缺等问题，并取得了显著的农业成就。这启示我们，要注重技术创新和应用，积极引进和研发先进的科技手段，在解决我国农业面临的问题和提升农业效益方面取得突破。不仅如此，以色列格外重视对农业人才的教育与培养，以色列国际沙漠所便是全国优秀农业科研人员的集聚地，高精尖农业技术人员的不断涌现为以色列实现农业现代化提供了坚实的人才和科技支撑。其中以希伯来大学、魏茨曼科学研究院为代表的高校在荒漠化领域的研究成果最为突出。除此之外，以色列大力加强科研与应用之间的联系，保证先进的技术得以推广普及，尽快落实到需要的领域。希伯来大学、本·古里安大学等高校和研究机构在植树造林方面经过了长期的学术探索和研究。研究人员从成本和综合效益方面去研究，即把人工、机械、水土资源、苗木管理等成本计入总成本；再把直接减少土壤侵蚀、提高生物量、保持水土、供休闲娱乐、非木产品、防护作用，以及一些潜在价值（如碳固定、生物多样性等），以经济指标进行效益综合与总成本比较，求其最大效益，以此确定造林和防治方案。

第四节　以色列科技创新激励政策

多年来，以色列能够在激烈的全球竞争中始终保持科技强国地位，得益于不断优化的科技促进政策。面对制约科技进一步发展的诸多因素，如高端人才的流失和后继乏力、科技研发的国民参与率较低、地区科技水平差别大、全球竞争态势下比较优势的弱化等问题，以色列政府曾多次推出改善措施来应对全球化挑战、维持并增强高科技产业的优势地位并提升传统产业地位。但近年来以色列仍面临初创企业融资困难、人力资源不足等问题，针对以上问题，以色列政府精准施策，连续推出一系列新的激励措施。

一、促进投资与融资

2020年5月，以色列财政部、经济产业部、资本市场管理局、以色列证券管理局和以色列创新局共同推出一项财政计划，推动以色列机构投资者对成熟期（advanced-stage）高科技公司进行投资。参与者在投资高科技公司失败时仍能获得40％的保证收益率；而如果投资获利，仅需将收益较同期政府债券收益高10％的利息支付给以色列创新局作为回报。

相较成熟的大型科技公司，以色列政府更加重视中小型初创企业的融资和发展。2021年1月，以色列创新局推出"混合种子激励计划"

（Hybrid Seed Incentive Program），以鼓励对开发创新产品的初创公司进行初始投资。计划内容如下：申请参与计划的初创公司首先向以色列创新局提交与风险投资者签订的投资协议，一旦获得批准，该公司将收到以色列创新局和风险投资者的共同投资，以色列创新局占股40%（最多不超过350万新谢克尔；如果初创公司位于偏远地区或创始人来自在高科技行业代表性不足的群体，以色列创新局可占股50%），风险投资者占股60%（或50%）；投资期头3年内或进行重大募资前，风险投资者可以选择购买以色列创新局的股份，只需在原价的基础上多付5%的利息即可，这样政府就收回了之前的投资。通过该计划，政府将承担初创公司早期投资风险的40%，既能直接帮助初创企业融资，又减少了风投资本的压力，有利于间接吸引更多社会资本投入初创企业。

二、吸引人力资源

在人力资源方面，以色列科技企业面临两难境遇。一方面，经验丰富的专业技术人员短缺。根据以色列创新局和创业国家中心联合发布的《2020年高科技人力资本报告》，以色列高科技企业仍需13000名有经验的专业技术人员。另一方面，尽管毕业生数量逐年递增且其中1/4为高科技相关专业，但是在初创科技企业无力支付培训费用的前提下，毕业生缺乏工作经验，使科技公司进一步发展面临困难。

为消解上述矛盾，帮助求职者融入急需人才的高科技行业，以色列创新局在2020年年底推出"人力资本基金"（Human Capital Fund）和"紧急培训计划"（Emergency Training Program）两个项目，在提交申请的180家培训机构和企业中选择了62家进行资助，总金额达1.39亿新谢克尔（约4300万美元），将培训9000名员工并把他们安置到高科技行业就业。两项新计划不仅为初创科技企业节省了培训经费，解决了年轻毕业生的就业问题，还将促进女性融入高科技研发产业，不断优化产业人口结构，使高科技产业变得更加可持续。

本章小结

以色列作为一个自然资源匮乏、周边环境充满挑战的疆土小国，却在全球科技创新领域占据了一席之地，被广泛认为是"创业之国"或"硅谷之外的创新中心"。其科技创新之路可以总结为以下几个关键因素：地缘政治挑战催生的军队背景与国防创新、强烈的创新意识和文化、高度重视教育与人才培育、开放的国际视野与出口导向应用、创业生态系统。此外，以色列还重视科研投入，出台一系列战略和政策，支持科技创新。这些因素相互交织，共同推动了以色列成为全球科技创新的领先国家之一，使得以色列在水资源管理与农业技术、医疗科技方面取得出色的创新成就。

第八章

超大城市推动国际科技创新中心
探索实践

第一节　国际科技创新中心概述

伴随第四次工业革命的浪潮，人工智能、大数据、5G技术将深刻改变人类的生产组织方式和国家治理方式。科技是第一生产力，科技创新是推动国家转型和发展的根本驱动，科技创新能力更是衡量国家综合能力的重要体现。面对复杂的形势，各国都加紧制定科技创新政策，提升本国的创新能力，以便在复杂世界格局和新一轮科技革命中占据主导地位。加快建设国家科技创新中心便是我国的重要战略举措之一。一方面，国际科技创新中心能吸引和汇集全球创新要素，使我国在科技创新中赢得发展主动权；另一方面，通过发挥科技创新中心的驱动与引领作用，可进一步推动我国产业体系升级，形成创新发展新格局。事实上，加快建设国际科技创新中心是与创新型国家战略、创新驱动发展战略一脉相承的政策措施，也是支撑区域。

一、国际科技创新中心的内涵

国际科技创新中心是创新资源密集，科研实力雄厚，成果辐射范围广泛，科技创新文化先进，科技基础设施健全，支柱产业具有国际化、高端化、多元化特征且在全球价值链中处于主导地位，以科技创新作为核心发展动力的城市或地区。美国《连线》杂志在界定区域范围时，首次提到国际科技创新中心，认为"创造新技术的能力、老牌公司和跨国公司发展及扩大影响力、公众创办新企业的积极性、获得风险投资以进入市场的可能性"是国际科技创新中心的4个特征。杜德斌将"全球科技创新中心"界定为科技创新活动的影响波及全球，成为引领世界科技-产业范式变革的源头城市。此外，国内学者还使用了一些内涵相似的概念，如"全球性产业科技创新中心""区域创新中心"等。这些概念一般都强调科技创新与产业前沿的作用，并突出两者在空间上的聚集。国内学者更倾向于强调其在国际上具有显著的影响力。在经济高度全球化、信息网络遍布全球的今天，具有国际影响力是国际科技创新中心的基本条件。

从演化经济学角度看，随着科技创新活动纵深发展和地理扩散持续作用，企业、科研院所等创新主体，带动全球资金、技术、人才和数据等创新要素持续集聚，逐渐发展成为国际科技创新中心。具体地，科学发展为企业技术创新提供基础科学理论，创新企业不断催生新业态新产业，科技创新中心逐渐成为集聚全球创新资源、产业链的枢纽城市，形成了开放的创新生态系统，辐射和影响周边地区甚至全球创新发展，逐渐发展成为全球科技创新中心。从创新地理学来看，在行业生命周期的早期阶段，区域嵌入的隐性知识对于创新活动发生具有重要作用，相对于发生在行业成熟阶段的一般性生产活动，创新更具有地理集聚性，空间集聚特征明显。塑造创新活动的地理空间尺度包括全球、国家和区域。其中，区域尤其是城市，是所有空间尺度的讨论起点。考察历史上不同时期学者对城市的定义可以发现，经济、思想与文化的集中始终被认为是城市的重要特征。国际科技创新中心多是引导全球创新要素流动方向、影响资源配置效率的枢纽性城市。

二、国际科技创新中心的核心功能

国际科技创新中心是创新活动在区域层面集聚的高地。产业活动和创新活动的区域集聚形成的区域学习网络允许更密集的信息流动和互动学习，基于企业、高等院校和科研机构、教育机构等形成了横向合作网络，实现了规模经济。因此，国际科技创新中心包括科学研究、技术创新、创新人才、产业支撑和创新生态。相应地，国际科技创新中心可进一步分解为科学研究中心、国际前沿技术高地、创新人才中心、高技术产业集聚地、创新扩散中心等。从功能层面看，国际科技创新中心应同步实现科学知识创造、前沿技术创新、科技创新成果转化和带动经济增长，要对内服务于国家创新驱动发展战略，对外辐射并引领全球科技创新。一是研发创新功能，以原始创新策源高地承担知识创造功能，面向科技前沿和产业发展需求，高校院所、企业等开展各类技术创新活动。二是资源配置功能，聚集智力、技术、人才、信息、资金等资源要素，形成要素积累的良性循环，通过各种资源要素的流动，引导着全球技术、人才、资金等创新要素的流动方向和发展效率。三是辐射带动作用，以自身开发和研制的专利技术、专有技术、先进工艺、生产技术、管理经验等向其他地区推广和扩散，在技术创新机制、政策措施和制度、行业运行机制等对城市和国家发展、全球科技创新有引领示范作用。

三、国际科技创新中心的典型特征

基于国际科技创新中心的概念内涵，可以将国际科技创新中心的典型特征归纳为以下四点。

一是集聚性。科技创新中心是创新网络中创新要素统筹协调的重要枢纽，在一定空间范围内集聚和辐射创新要素，对创新要素的流动具有较强的引导和控制能力。科技创新中心在全方位集聚人才、资金等创新要素的基础上，还能进行有效整合和再创新，实现科技创新要素高效配置和自主创新。

二是创新性。科技创新中心具有与高水平的创新投入相匹配的产出能力，即创新性特征。科技创新中心往往都拥有强劲的科学研究和技术创新能力，始终在重大知识发现、关键共性技术等领域占据领先地位，能够实现高水平的自主创新成果源头供给。科技创新中心的创新性不仅体现在科学研究和技术创新环节，其最终指向是将科研成果转化为现实生产力。

三是层次性。由于科技创新中心自身创新资源集聚程度、创新活动的辐射带动能力等存在明显差异，其形态和能级在不同空间尺度下表现出层次性，可以将其划分为国际科技创新中心、全国科技创新中心和区域科技创新中心。

四是辐射性。科技创新中心对一定空间范围内的科技创新活动、高新技术产业发展发挥着辐射带动作用。科技创新中心作为区域、全国乃至全球科技合作的主导者，在科技创新活动中发挥着主导和引擎功能，能够引领未来科技创新发展的方向，产生较强的创新辐射效应。科技创新中心作为中枢和引擎，具备强大的创新成果转化能力，能够向周边区域、全国乃至全球范围提供科技研发、高新技术和产品输出服务，辐射带动周边城市的高新技术产业发展，并形成围绕产业链和创新链的高度协同分工。

第二节　国际科技创新中心的城市定位与发展

随着国家科技创新政策不断完善，区域创新发展战略也逐渐完善。为打造区域创新高地，优化区域发展布局，深度融入和布局全球创新网络，我国提出了建设国际科技创新中心的战略任务。2016 年"十三五"规划明确提出支持北京、上海建设具有全球影响力的科技创新中心。2017 年签署的《深化粤港澳合作 推进大湾区建设框架协议》首次提出建设粤港澳大湾区国际科技创新中心。由此，以京津冀、长三角和珠三角城市群为依托的三大科技创新中心布局逐渐明确。2021 年"十四五"规划明确提出支持北京、上海、粤港澳大湾区形成国际科技创新中心，作为建设重大科技创新平台、强化国家战略科技力量的主要内容。此外，为进一步打造区域创新高地，发挥地方在区域创新中的主体作用，各地进行了不同的规划。

一、北京推进国际科技创新中心建设部署

北京作为科技创新中心的重点城市，提出加快打造世界主要科学中心和创新高地，率先建成国际科技创新中心，推动我国形成国际科技创新中心的龙头带动、综合性国家科学中心内核支撑、区域科技创新中心优势互补的体系化、多层次总体创新布局。北京具有高端人才集聚、科研机构集中、科技基础雄厚等创新优势，围绕国际科技创新中心建设出台了一系列政策。

（一）北京市建设国际科技创新中心的政策措施

早在 2014 年，习近平总书记明确了北京的城市定位为政治中心、文化中心、国际交往中心和科技创新中心（以下简称"四个中心"）。北京市委、市政府颁布《关于进一步创新体制机制 加快全国科技创新中心建设的意见》以进一步破除制约科技创新建设的思想和制度障碍。2016 年 9 月 22 日，北京市人民政府在国务院《北京加强全国科技创新中心建设总体方案》的基础上编制了《北京市"十三五"时期加强全国科技创新中心建设规划》，对总体方案提出的任务进行了细化和落地。2017 年 3 月，北京推进科技创新中心建设办公室发布了《北京加强全国科技创新中心建设重点任务实施方案（2017—2020 年）》，切

实将北京建设全国科技创新中心的重点任务进行了细化，建立了科技创新中心目标监测评价体系，对目标进行了量化。2019 年 10 月 16 日，北京市人民政府印发《关于新时代深化科技体制改革　加快推进全国科技创新中心建设的若干政策措施》（以下简称"科创 30 条"），在全市科技创新重点领域和关键环节提出 30 条改革措施（见表 8 - 1）。

表 8 - 1　北京市建设国际科技创新中心的指导文件

文件名称	发文时间	目标	重点领域
《关于进一步创新体制机制　加快全国科技创新中心建设的意见》	2014 年 9 月	坚持和强化首都城市战略定位，促进首都科技创新优势向发展优势转化，加快推进创新驱动发展战略实施	建立新型科研成果管理制度体系，推动科技成果转化；完善科技资源开放共享；改革科技人才评价和激励机制；制定促进新技术产品应用的消费政策；鼓励民间资本投资科技创新；培育先导技术和战略性新兴产业；以全球视野谋划和推动科技创新
《北京市"十三五"时期加强全国科技创新中心建设规划》	2016 年 9 月	到 2020 年，北京全国科技创新中心的核心功能进一步强化，成为具有全球影响力的科技创新中心，支撑我国进入创新型国家行列	全面对接国家科技重大专项和科技计划；实施技术创新跨越工程，推动民生科技、"高精尖"经济的发展；支持京津冀协同发展等国家战略，强化"三大科技城"与创新型产业集群的作用
《北京加强全国科技创新中心建设重点任务实施方案（2017—2020 年）》	2017 年 3 月	到 2020 年实现 5 个目标：知识创造能力达到国际先进水平；创新型经济基本形成；创新人才聚集效应更加凸显；跻身全球创新创业最活跃城市；初步建成开放创新高地	建设"三城一区"主平台，对接重大科技计划，推进全面创新改革与中关村先行先试，集聚培养顶尖人才，构建京津冀协同创新共同体，推进科技成果转化

续表

文件名称	发文时间	目标	重点领域
《关于新时代深化科技体制改革 加快推进全国科技创新中心建设的若干政策措施》	2019年10月	从加强科技创新统筹、深化人才体制机制改革、构建高精尖经济结构、深化科研管理改革、优化创新创业生态等方面进行改革	从国家和市级层面完善统筹制度；落实科研机构自主管理权，减少微观干预；简化科研管理；聚焦营商环境优化；促进京津冀协同创新，推动京港澳合作

作为全球创新资源最集中的城市，北京具有自主创新能力较强、高端创新要素聚集的优势。在国际科技创新中心建设过程中，北京紧紧围绕推动"三城一区"建设，聚焦中关村科学城，突破怀柔科学城，搞活未来科学城，升级北京经济技术开发区，以推进科技资源融合发展，发挥创新型产业集群的科技创新引领作用。北京市的发展路径围绕"三城一区"建设展开，以全面创新改革为主线，以吸引创新资源为手段，以营造创新生态为关键。

一是面向科技前沿，将科技创新与经济社会发展深度结合。我国经济发展进入新常态，发展动力正在从主要依靠资源和低成本劳动力等要素转向创新驱动，北京要积极引领新常态，积极培育先导技术和战略性新兴产业。运用市场机制推动构建"高精尖"经济结构，加快战略性新兴产业跨越发展，促使产业向价值链中高端提升，同时加强科技成果转化。顺应"互联网＋"发展趋势，围绕创新创业、制造业、农业、金融业等重点领域，加快信息技术向传统产业融合渗透。

二是集聚创新资源，深层次实现协同创新。为了强化原始创新能力，北京鼓励和支持在京企业、高等学校和科研院所承接重大专项项目，依托企业、高校和机构形成产学研发展的体系。构建京津冀协同创新共同体，加强京津冀科技计划合作。

三是完善创新生态体系，优化营商环境。为促进创新生态环境的发展，北京进一步完善法治化、国际化、便利化的企业营商环境，以吸引技术创新总部落户北京。通过公共科技服务平台建设，北京加强对生命科学、人工智能、集成电路等领域的专业化孵化器建设。为加快营造公平竞争的市场环境，北京优化知识产权保护机制，加大查处力度。北京深化人才体制机制改革与科研管理改革，优化创新职称的评价机制，简化科研管理，为科研人员提供便利。

（二）北京"十四五"推动国际科技创新中心的部署

"十四五"期间，北京持续推进国际科技创新中心建设的总体部署。2021年1月，科技部、北京市会同20余个国家部门研究编制《"十四五"北京国际科技创新中心建设战略行动计划》（以下简称《规划》）。明确了未来5年科技创新中心的发展蓝图和行动纲领。《规划》提出到2025年北京国际科技创新中心基本形成，建设成为世界主要科学中心和创新高地，并从科学中心、创新高地、创新生态3个维度提出了14个预期性指标（见表8-2）。

表8-2　"十四五"时期北京国际科技创新中心建设预期性指标

类别	序号	指标	目标值
科学中心	1	社会研发经费投入年均增长（％）	争取高于"十三五"年均增速
	2	全社会研发经费支出占地区生产总值比重（％）	6左右
	3	基础研究经费占全社会研发经费比重（％）	17左右
	4	高被引科学家数量（人次）	210左右
	5	世界一流大学TOP500数量（所）	14左右
创新高地	6	每万人口高价值发明专利拥有量（件）	82左右
	7	高技术产业增加值（亿元）	＞12000
	8	数字经济增加值年均增速（％）	7.5左右
	9	中关村国家自主创新示范区企业总收入年均增速（％）	8左右

续表

类别	序号	指标	目标值
创新高地	10	技术合同成交额（亿元）	＞8000
	11	每万企业中高新技术企业数量（家）	＞190
	12	独角兽企业数量（家）	＞100
创新生态	13	每万名就业人员中研发人员数（人）	260 左右
	14	公民具备科学素质的比例（％）	28 左右

在明确整体部署之后，为更好地支撑《规划》落地实施，2021 年北京市又出台了一系列科技政策"组合拳"，总结起来包括以下三个方面。一是在创新主体和创新布局方面，2021 年 11 月印发《"十四五"时期中关村国家自主创新示范区发展建设规划》，指导中关村示范区未来发展建设，充分发挥北京高校科研人才聚集地和重大科技突破生力军作用，2021 年 12 月印发《北京高校科研创新发展行动计划（2022—2024 年)》。二是在产业支撑方面，2021 年 8 月印发《北京市"十四五"时期高精尖产业发展规划》，2021 年 12 月印发《北京市关于促进"专精特新"中小企业高质量发展的若干措施》，提出力争到"十四五"末，国家级专精特新"小巨人"企业达 500 家，市级专精特新"小巨人"企业达 1000 家，市级"专精特新"中小企业达到 5000 家。三是在创新生态优化和制度建设方面，2021 年 7 月和 12 月分别印发《北京市"十四五"时期知识产权发展规划》《关于进一步加强北京市知识产权公共服务的意见》，推动知识产权事业发展，优化知识产权公共服务。2021 年 12 月印发《关于加快建设高质量创业投资集聚区的若干措施》，更好赋能科创企业发展。为进一步加大营商环境改革力度，2021 年 11 月出台《北京市培育和激发市场主体活力持续优化营商环境实施方案》，2022 年 1 月印发《北京市营商环境创新试点工作实施方案》，2022 年 2 月出台《北京市财政科研项目经费"包干制"试点工作方案》，积极营造有利于创新的科研环境。

二、上海推进国际科技创新中心建设部署

（一）上海建设国际科技创新中心的政策措施

上海科创中心的建设经历了夯实基础、攻坚突破、深化推进的不同阶段。2014 年 5 月，习近平总书记在上海视察工作时提出，上海要加快建设具有全球影响力的科技创新中心。一年后，上海市委、市政府发布《关于加快建设具有全球影响力的科技创新中心的意见》（以下简称"上海科创 22 条"），确立了上海科创中心建设的基本方向。2016 年 8 月，在《"十三五"国家科技创新规划》提出对上海建设科技创新中心的部署后，上海市人民政府发布了《上海市科技创新"十三五"规划》作为回应，对上海科创中心建设的重点目标与实施路径进行了规划。随着上海建设具有全球影响力的科技创新中心进入深化推进阶段，2019 年 3 月，上海出台了《关于进一步深化科技体制机制改革增强科技创新中心策源能力的意见》（以下简称"上海科改 25 条"）。2020 年 1 月，为了给贯彻落实重大国家战略提供强有力的法治保障，并将改革举措转化为制度安排，上海市十五届人大三次会议表决通过《上海市推进科技创新中心建设条例》（见表 8 - 3）。

表 8 - 3　上海市建设国际科技创新中心的指导文件

文件名称	发文日期	目标	重点领域
《关于加快建设具有全球影响力的科技创新中心的意见》	2015 年 5 月	在 2020 年前，形成科技创新中心基本框架体系，为长远发展打下坚实基础。在 2030 年前，着力形成科技创新中心城市的核心功能，在服务国家参与全球经济科技合作与竞争中发挥枢纽作用，为我国经济发展提质增效升级作出更大贡献	建立市场导向的创新型体制机制，建设创新创业人才高地，营造良好的创新创业环境，优化重大科技创新布局

续表

文件名称	发文日期	目标	重点领域
《上海市科技创新"十三五"规划》	2016年8月	到2020年，创新治理体系与治理能力日趋完善，创新生态持续优化，高质量创新成果不断涌现，高附加值的新兴产业成为城市经济转型的重要支撑，城市更加宜居宜业，中心城市的辐射带动功能更加凸显，形成具有全球影响力的科技创新中心的基本框架体系	培育良好创新生态；夯实科技基础，重点建设张江综合性国家科学中心；发展引领性产业，重点围绕构筑智能制造与高端装备高地、支撑智慧服务发展、培育发展绿色产业、提升健康产业能级等4个方面提出任务；以科技支撑系统应对民生需求
《关于进一步深化科技体制机制改革 增强科技创新中心策源能力的意见》	2019年3月	到2020年，上海在全球创新网络中发挥关键节点作用；到2035年，上海建成富有活力的区域创新体系，成为全球创新网络的重要枢纽	激发科研人员科研主体的创新活力，推动科技成果转移转化，改革优化科研管理；优化创新生态环境，促进高质量发展
《上海市推进科技创新中心建设条例》	2020年1月	将上海建设成为创新主体活跃、创新人才集聚、创新能力突出、创新生态优良的综合性、开放性的具有全球影响力的科技创新中心，成为科技创新重要策源地、自主创新战略高地和全球创新网络重要枢纽，为我国建设世界科技强国提供重要支撑	该条例通过提供法治保障，为改革树立依据；激发企业、科研机构等创新主体的活力与动力；提升科技创新策源能力；促进创新要素集聚，聚焦张江科技城建设；营造良好的科技创新生态环境，加强知识产权保护

作为国内较早实施创新驱动发展战略的城市，上海具有较好的创新资源与开放优势：上海的国际化程度高，集聚了大量外资企业；经济发展水平和产业结构层级较高，集成电路产业的发展水平尤为突出；自由贸易试验区的先行先试政策进一步扩大开放。这些优势使上海具

备建设国际科技创新中心的基础与潜力。

上海建设国际科技创新中心的重点在于提升科技创新策源能力，成为科学规律的第一发现者、技术发明的第一创造者、创新产业的第一开拓者、创新理念的第一实践者，形成一批基础研究和应用基础研究的原创性成果，突破一批"卡脖子"的关键核心技术。上海市科创中心的发展路径在于加强基础研究与技术创新，激发创新主体潜能，营造多元的创新生态。

一是以原始创新为重点，关注颠覆性技术创新。关注世界科学发展前沿，通过原创性研究和重点突破，提升科学研究影响力。聚焦张江综合性国家科技中心建设，促进脑科学、量子通信等科学前沿领域形成重大突破，力争产出标志性的原创成果。推动集成电路、生物医药、人工智能三大先导产业，在规模、质量上实现新的突破。

二是注重激发人才活力，改革优化科研管理。在人才的培养使用中，要实施知识价值导向的收入分配机制，进一步优化人才结构，完善人才评价激励制度。在完善科研管理机制时，要以提升管理效率、提高科研质量和绩效为目的。

三是以培育良好创新生态为核心，激发创新创业活力。加快完善政府、市场和社会多元主体积极参与、相互配合、协调一致的创新治理体系。以良好的创新治理、公平且具有活力的市场环境、完善的创新功能型平台等来吸引和集聚创新资源，提升创新效率。加强知识产权保护、创新文化、诚信与伦理监督、宽容失败的环境建设。

（二）上海"十四五"推动国际科技创新中心的部署

作为三大国际科技创新中心之一，新时期上海国际科技创新中心建设要面向更高标准和全球领先创新集群。2019年11月，习近平总书记在上海考察时提出科创中心建设的新要求，即要努力成为科学规律的第一发现者、技术发明的第一创造者、创新产业的第一开拓者、创新理念的第一实践者。经过持续不断的努力，2020年上海已经建成国际科创中心的基本框架。在此基础上，"十四五"时期是上海科创中心实现功能强化的重要阶段，其中，强化科技创新策源功能，是这一阶段上海建设科创中心的主线。

2021年9月，发布《上海市建设具有全球影响力的科技创新中心"十四五"规划》，明确未来五年的方向和任务。总体目标上，到2025年，上海将努力成为科学新发现、技术新发明、产业新方向、发展新理念的重要策源地。该规划还提出了研发投入、基础研究、高技术企业、PCT专利、高价值发明专利拥有量以及战略性新兴产业、技术合同和外资研发中心等方面的要求（见表8-4）。面对"四个第一"新要求，2021—2022年上海围绕强化国际科技中心的四大功能出台了一系列政策措施。

在科学研究方面，加快基础研究原创突破，提升原始创新能力。加快推进张江综合性国家科学中心建设，打造以国家实验室为引领的战略科技力量，打造高水平基础研究力量，支持高校、科研院所和企业自主布局基础研究，组织实施基础前沿重大战略项目，加快形成一批基础研究和应用基础研究的原创性成果。

在技术创新方面，提升关键核心技术竞争力，打造产业高质量发展新动能。围绕"3＋8＋X"体系，加快集成电路、生物医药、人工智能三大重点领域核心技术攻关，支撑引领新材料、新型信息基础设施、基础软件、智能网联汽车与新能源汽车、智能制造与机器人、航空航天、能源装备、海洋科技与工程装备等八大重点产业发展，布局脑机接口、类脑光子芯片等X项战略前沿技术，为未来产业培育和扩增提供支撑。

在产业发展方面，聚焦张江推进科技创新中心承载区建设，支持科技型中小企业自主创新和成果转化。全力打造世界一流的张江科学城，全面强化张江国家自主创新示范区核心载体功能，加快构建各具特色的科技创新中心重要承载区，引导创新主体、创新要素、创新功能向承载区集聚。

在创新发展理念方面，科技增进民生福祉，践行人民城市建设理念。秉持"人民城市人民建，人民城市为人民"的核心理念，打造数字智慧城市、安全韧性城市、绿色低碳城市、健康活力城市，促进科技充分惠及民生，使城市让生活更美好，全方位提升市民生活品质。面向人的全面发展和城市软实力提升，着力提高公众科学素质、构建城市科学文化，发展科学教育，加强科学传播，强化保障支撑，形成完备有效的科普供给体系。

表8-4 "十四五"时期上海科技创新中心主要指标[①]

序号	指标（预期性）	2025年目标值
1	全社会研发（R&D）经费支出相对于全市生产总值（GDP）比例（%）	4.5左右
2	基础研究经费支出占全社会R&D经费支出比例（%）	12左右
3	高新技术企业数量（家）	2.6万
4	通过《专利合作条约》（PCT）途径提交的国际专利年度申请量（件）	5000左右
5	每万人口高价值发明专利拥有量（件）	30左右
6	战略性新兴产业增加值占GDP占重（%）	20左右
7	技术合同交易成交额占GDP比重（%）	6左右
8	外资研发中心（家）	累计560左右

三、粤港澳大湾区推进国际科技创新中心建设部署

粤港澳大湾区创新资源要素高度集聚，具备建设国际科技创新中心的良好基础。港澳珠三角已经从过去"前店后厂"产业分工协作模

---

① 资料来源于《上海市建设具有全球影响力的科技创新中心"十四五"规划》、2021年和2022年《上海市国民经济和社会发展统计公报》、《2023上海科技进步报告》。

式形成的"世界工厂"逐渐转变为科技协同创新的全球创新高地，拥有一批世界五百强的高新技术企业、全球前百名的高校和国家大科学工程等，创新资源吸引力、高端要素集聚力强，科技研发、转化应用能力较为突出。《2020年全球创新指数：谁为创新出资？》报告显示，以科学出版物和PCT国际专利申请授权量为主要评价指标的全球科技创新集群排名中，"深圳-香港-广州"仅次于"东京-横滨"位居全球第2。华为、腾讯等一批高新技术企业和中山大学、香港大学等著名高校都有不俗表现。《粤港澳大湾区协同创新发展报告（2021）》数据显示，2020年粤港澳大湾区发明专利公开量约36.59万件，领先于全球其他三大湾区，分别是纽约湾区的7.85倍、旧金山湾区的5.73倍、东京湾区的2.39倍。粤港澳大湾区发明专利公开量在2016—2020年累计达149.84万件，年复合增长率为17.23%，一直保持良好的增长态势，作为我国培育发展的三大全球科技创新中心的地位越来越高。

（一）粤港澳大湾区建设国际科技创新中心的政策措施

粤港澳大湾区国际科技创新中心建设处在我国重要的战略机遇期和关键节点上，需要更多政府层面的协调参与。2017年7月，国家发展改革委与粤港澳三地政府共同签署《深化粤港澳合作　推进大湾区建设框架协议》，标志着粤港澳大湾区建设正式上升为国家战略。2019年1月，广东省人民政府发布的《关于进一步促进科技创新若干政策措施》将重点放在创新驱动，并将推进粤港澳大湾区国际科技创新中心建设放在第一条。在《粤港澳大湾区发展规划纲要》发布之后，为了贯彻落实其中的要点，2019年7月，广东省同时印发了《省委、省政府印发关于贯彻落实〈粤港澳大湾区发展规划纲要〉的实施意见》和《广东省推进粤港澳大湾区建设三年行动计划（2018—2020年)》。实施意见着眼长远发展，对于重点工作任务与要点进行谋划，而行动计划着眼中期安排，对于重点工作进行分工部署（见表8-5）。

表 8-5　粤港澳大湾区建设国际科技创新中心的指导文件

文件名称	发文日期	目标	重点领域
《深化粤港澳合作推进大湾区建设框架协议》	2017 年 7 月	加快形成以创新为主要引领和支撑的经济体系和发展模式，将粤港澳大湾区建设成为更具活力的经济区，携手打造国际一流湾区和世界级城市群	统筹利用资源，优化合作机制，提高科研成果转化水平和效率
《关于进一步促进科技创新若干政策措施》	2019 年 1 月	推进粤港澳大湾区国际科技创新中心建设	共建重大创新平台和成果转化基地，推动重大科技基础设施的建设和共享，促使重大科技成果落地转化，集聚人才与全球高端创新资源
《省委、省政府印发关于贯彻落实〈粤港澳大湾区发展规划纲要〉的实施意见》	2019 年 7 月	第一步到 2020 年，大湾区建设打下坚实基础，构建起协调联动、运作高效的大湾区建设工作机制，在国际科技创新中心建设中取得重要进展；第二步到 2022 年，大湾区基本形成活力充沛、创新能力突出、产业结构优化、要素流动顺畅、生态环境优美的国际一流湾区和世界级城市群框架；第三步到 2035 年，大湾区全面建成宜居宜业宜游的国际一流湾区	建设重大科技基础设施集群，强化关键核心技术攻关，加快提升自主创新和科技成果转化能力，鼓励社会资本设立科技孵化基金，打造全球科技创新高地和新兴产业重要策源地，推进广深港澳创新走廊建设
《广东省推进粤港澳大湾区建设三年行动计划（2018—2020 年)》	2019 年 7 月	同《省委、省政府印发关于贯彻落实〈粤港澳大湾区发展规划纲要〉的实施意见》	加快创建综合性国家科学中心，打造三大科技创新合作区，推进广深港澳创新走廊建设，向港澳有序开放科研设施和仪器，加强知识产权的应用

粤港澳大湾区是我国开放程度最高、经济活力最强的区域之一。粤港澳大湾区在金融方面实力雄厚，城市基础设施完善，产业结构完整，既有制造业、服务业，也有高科技产业，且产业集群各具特色。粤港澳大湾区的发展路径在于通过搭建科技创新平台、完善协同治理机制，优化创新生态环境，实现跨区域合作与资源共享。

一是加强创新基础能力建设，强化关键核心技术攻关。完善重大科技基础设施共建机制，建设世界一流重大科技基础设施集群。构建灵活高效的创新合作体制机制，优化跨区域合作创新发展模式。共建大数据中心、重大创新平台和成果转化基地，共同开展基础研究，努力突破关键核心技术。

二是深化区域创新体制机制改革。推动人才、资本、信息、技术等创新要素在大湾区便捷高效流动，促进区域市场一体化，实现资源的高效配置。鼓励高校、科研机构申报联合创新专项资金以开展重大科研项目合作。

三是优化区域创新环境。大力推动科技金融服务创新，建设科技创新金融支持平台。强化知识产权行政执法和司法保护，打造具有国际竞争力的科技成果转化基地。加快构建跨境产学研合作机制，完善科技企业孵化育成体系。

四是打造高水平科技创新载体和平台。推动"广州-深圳-香港-澳门"科技创新走廊建设，打造创新要素流动畅通、科技设施联通、创新链条融通的跨境合作平台。

（二）粤港澳大湾区"十四五"时期推动国际科技创新中心的部署

2019年2月，《粤港澳大湾区发展规划纲要》明确提出建设国际科技创新中心。"十四五"时期，粤港澳大湾区要强化区域协同创新，打造国际科技创新中心，深化粤港澳科技创新交流合作，构建开放型融合发展的区域协同创新共同体，打造全球科技创新高地和新兴产业重要策源地。《广东省科技创新"十四五"规划》强调，要推动粤港澳大湾区建设具有全球影响力的科技和产业创新高地。统计显示，2022年，广东区域创新综合能力连续6年全国第一，"深圳-香港-广州科技集群"连续3年居全球创新指数第二，全省研发投入强度预计达3.26%，研发人员数量、高新技术企业数量、发明专利有效量、PCT国际专利申请量等主要科技指标均保持全国首位。

一是筑牢原创性科技成果创新。世界一流重大科技基础设施集群加速成型。广东聚焦材料、生命、信息、海洋、能源等重点学科领域，推动华南国家植物园获批挂牌成立，人体蛋白质组导航国际大科学计划总部落户，粤港澳大湾区国家技术创新中心、粤港澳大湾区（广东）量子科学中心加快推进建设。2023年，大湾区已建成省级新型研发机构超200家，占全省约80%，成为高水平科技创新平台的生力军。平台搭起来，探索新型举国体制的实践不断推进。

二是打通科技成果转化"最后一公里"。在粤港澳大湾区推动创新链产业链深度融合发展、建设全球新兴产业重要策源地的过程中，搭建实验室创新平台体系，并把促进企业创新发展作为贯彻落实创新驱动发展战略的重要抓手，以科技企业培育为主体，体系化建设技术研发与成果转化联合体，进一步拉长企业创新的特色"长板"。壮大技术研发与成果产业化集群，加速科技企业孵化和成长。以科技力量为支撑的现代产业体系加快构建。聚焦新一代信息通信、先进电池材料、高端医疗器械、智能装备、智能移动终端和超高清视频等细分优势领域，大湾区培育形成一批有竞争力的先进制造业集群。

三是不断推进原创性改革，提供优质制度供给。以提升科研组织化、体系化能力为突破口，打破国家重点实验室依托单位行政隶属限制，鼓励围绕重点领域协同开展基础研究和应用基础研究，建设重大创新平台。支持科技领军企业在粤港澳大湾区建设国家重点实验室。

加强产学研深度融合，建立以企业为主体、市场为导向、产学研深度融合的技术创新体系，支持粤港澳企业、高校、科研院所共建高水平的协同创新平台，推动科技成果转化，实现科技服务融合发展。深化"开放、流动、联合、竞争"机制建设，提升大湾区国家重点实验室原始创新能力、国际学术影响力、学科发展带动力、国家需求和社会发展支撑力，打造国家重点实验室"升级版"，实现科技资源共享。实施粤港澳科技创新合作发展计划和粤港科技创新联合资助计划，支持设立粤港澳产学研创新联盟。实行科研项目分类管理，加大对科研人员的绩效奖励力度，形成青年创业创新交流机制，允许科研人员依法依规适度兼职取酬。

第三节　全国科技创新中心的城市定位与发展

一、武汉建设全国科技创新中心的发展思路

武汉国家科技创新中心是继北京、上海、粤港澳国际科创中心和成渝区域科创中心之后，国家在区域创新上的又一个重大战略布局。为落实好武汉国家科技创新中心建设任务，武汉市出台相关规划，对加快推进武汉具有全国影响力的科技创新中心建设作出重要部署。本书从《加快推进武汉具有全国影响力的科技创新中心建设实施方案（2022—2025 年）》和《武汉市科技创新发展"十四五"规划》文件中凝练了武汉国家科技创新中心的主要建设任务，包括涉及的区域创新主体及具体任务。

（一）武汉推进科技创新中心建设工作推进情况

武汉是中部六省中唯一的副省级城市，自古便是九省通衢的要地。2016 年，国家发展改革委印发《促进中部地区崛起"十三五"规划》，

首次明确支持武汉建设国家中心城市。2017 年，武汉市政府工作报告中提出，"着力推进创新驱动、人才支撑，打造全国重要的科技创新中心"，并将"加快提升自主创新能力"作为八个重点工作之一。2022 年 4 月，科技部、国家发展改革委联合批复武汉具有全国影响力的科技创新中心建设总体部署，聚焦打造世界科学前沿领域和新兴产业技术创新、全球科技创新要素"汇聚地"的战略使命，明确了武汉国家科技创新中心的规划布局，并协调教育部等部门提出 51 项重大支持举措。在"十四五"开局之年，武汉提出将加快打造国家科技创新中心作为"五个中心"之一，建设现代化大武汉。

武汉作为国家中心城市和科技创新资源富集城市，拥有武汉大学、华中科技大学等众多高校，在人才、技术、产业等方面积累了深厚底蕴，以东湖科学城为核心的光谷科技创新大走廊建设取得了突出成效。2023 年 4 月，湖北出台《加快推进光谷科技创新大走廊　协同创新高质量发展行动方案（2023—2025 年）》，旨在建立健全光谷科技创新大走廊跨区域协同创新机制。2023 年武汉从聚焦打造高能级创新平台、培育高水平创新主体、推进高效能成果转化、建设高素质人才队伍四个方面，着力建设科技创新中心，实现全年在光电子信息、新能源与智能网联汽车、生命健康、高端装备、北斗等五大战略性新兴产业领域的产值，占规模以上工业产值的比例超过 55％。2024 年武汉市政府工作报告提出，聚焦增强高水平创新策源能力、突出企业创新主体地位、着力推进成果转化、把科教人才优势转化为创新发展优势，提升创新效能，持续推动高水平科技自立自强。

（二）武汉推进科技创新中心建设工作实践路径

一是构建区域创新体系。当前，武汉市正全力打造"国家科技创新中心-东湖综合性国家科学中心-光谷科创大走廊-国家、省级实验室-大科学装置"的区域创新体系。以湖北省政府、武汉市政府、湖北省科技厅、武汉市科技局等为代表的政府机构承担了武汉国家科技创新中心中构建区域创新体系的重要任务，主要包括创建"一个中心"（湖北东湖综合性国家科学中心）和打造"三个高地"（产业创新高地、成果转化高地、人才聚集高地）。在支撑创建综合性国家科学中心方面，武汉大学开展了武汉具有全国影响力的科技创新中心和湖北东湖综合性国家科学中心建设若干重点问题研究，武汉理工大学完成了武汉建设国家科技创新中心城市重大战略和实施路径研究。在打造产业创新高地方面，武汉理工大学、华中科技大学、武汉大学、中国地质大学（武汉）和华中农业大学分别围绕光电子信息、生命健康、空天科技、人工智能和生物育种等产业开展了产业科技创新高地现状与发展对策的研究。在打造成果转化高地方面，武汉科技大学开展了湖北省科技成果转化现状调研及分析研究，湖北省标准化与质量研究院开展了湖北省科技成果评价系列标准研究。在打造人才聚集高地方面，湖北省社会科学院开展了湖北省重点产业领域和科研领域引进海外高层次人才需求调研，湖北省科技信息研究院开展了湖北省创新型科技人才培养模式的研究。近年来，武汉市高校和科技情报机构积极发挥智库作用，持续为武汉市打造"一中心三高地"建言献策。

二是建设重大科技基础设施集群。重大科技基础设施作为国家基础设施的重要组成部分，可集聚众多一流科学家，提升科技创新策源能力，推动相关科技产业发展，是国家科技创新中心建设的"硬指标"。在重大科技基础设施集群建设方面，武汉国家科技创新中心的主要任务是按照"优化提升一批、启动建设一批、培育预研一批、谋划部署一批"原则，推进脉冲强磁场实验装置、精密重力测量、作物表型组学研究、深部岩土工程扰动模拟、高端生物医学成像等重大科技基础设施优化提升或加快建设，统筹谋划磁约束氘氚聚变中子源、武汉光源、农业微生物、碳捕集利用与封存等重大科技基础设施预研预制。在此方面，湖北省科技信息研究院和中国科学院武汉文献情报中心分别开展了湖北省科技资源平台系统建设及服务体系研究、湖北省重大科技创新平台建设若干重点问题研究，为武汉市重大科技基础设施集群等重大科技创新平台建设提出了一系列方向性建议。

三是高标准建设实验室体系。高水平实验室是国家科技创新中心发展的重要抓手，建设有中国特色的高水平实验室，已经成为重塑国家战略科技力量、满足国家战略需求的重大任务之一。在高标准建设实验室体系方面，武汉国家科技创新中心的主要任务是加快推进光谷实验室、珞珈实验室等湖北实验室建设，探索建立湖北实验室运行管理新体制新机制，完善考核评估机制；对接国家重点实验室重组方案，整合优化现有国家重点实验室。在支撑实验室体系建设方面，湖北光谷实验室开展了依托高校力量建设（光谷）国家实验室的对策研究，湖北省科技信息研究院开展了湖北实验室建设若干重点问题研究、湖北省重点实验室建设发展现状及优化升级重组路径研究、湖北省科技资源数据挖掘及开放共享机制创新研究等多项战略研究课题，为武汉高标准建设实验室体系提供了有力的科技情报支撑。

四是打造高水平研究型高校和科研机构。作为国家中心城市和科技创新资源富集城市，武汉市科研机构和高等院校云集，拥有 92 所高校、101 家科研院所。在打造高水平研究型高校和科研机构方面，武汉国家科技创新中心的主要任务是推进武汉大学、华中科技大学建设世界一流大学，推动中国科学院在汉研究所成为引领学术前沿、催生产业技术变革和加速创新驱动的重要策源地。在此方面，湖北技术交易所开展了湖北省科研机构绩效评价及激励机制研究，中南财经政法大学开展了湖北科研机构创新作用发挥研究，武汉工程大学开展了湖北新型研发机构协同治理的发展路径及生态优化，武汉理工大学开展了省级工业（产业）技术研究院建设路径及对策研究，这些情报服务产品为武汉国家科技创新中心强化高校"双一流"建设、提升科研院所创新能力提供了较好的智力支撑。

五是打造世界级创新型产业集群。产业集群是区域竞争力的重要标志，打造世界级创新型产业集群已成为国家科技创新中心建设的重点任务。在打造世界级创新型产业集群方面，武汉国家科技创新中心的主要任务是推动光电子信息、汽车及零部件、生物医药及医疗器械等三大万亿产业集群蓬勃发展，中小尺寸显示面板、集成电路等战略性新兴产业强势崛起，"北斗＋"产业、人工智能、数字经济等一批新兴业态加速发展。在支撑产业创新方面，湖北省半导体行业协会、武汉市高新技术产业协会、武汉光谷创新发展研究院有限公司等行业智库聚焦光电子信息、生命健康等重点领域，完成了"光芯屏"、生物等重点高新技术产业"卡脖子"技术调查和突破路径研究、湖北北斗产业链发展模式及政策支持研究、湖北未来产业发展战略研究等一系列的战略研究课题，有力支撑了武汉市打造具有国际竞争力的产业集群。

二、成渝共建全国科技创新中心的发展思路

成渝地区双城经济圈建设是中国式现代化进程中的重要区域战略，2021 年中共中央、国务院印发《成渝地区双城经济圈建设规划纲要》，对科技创新提及较多，其中"科技"出现 55 次，"创新"出现 94 次，将成渝地区建设成为"具有全国影响力的科技创新中心"的战略目标，既是党中央赋予成渝地区的重要使命，也是成渝地区现代化建设的核心驱动力。2021 年，科技部发布《关于加强科技创新　促进新时代西部大开发形成新格局的实施意见》，明确提出支持成渝科技创新中心建设。《成都都市圈发展规划》中"科技"和"创新"分别出现 61 次和111 次。2021 年 12 月，国家发展改革委、科技部批复《成渝地区建设具有全国影响力的科技创新中心总体方案》《关于进一步支持西部科学城加快建设的意见》以来，协同打造具有全国影响力的科技创新中心正成为重庆和成都的重大战略，全域科技创新效能整体提升也是成渝

地区双城经济圈加速崛起的关键要素。围绕"建设成渝综合性科学中心""共建西部科学城"等国家战略部署，两地将发挥各自科技资源优势，加快建设重大科技基础设施、前沿交叉平台、技术创新平台，凝聚形成科技创新合力，同时，在人才引育、科技金融、科技成果转化、扩大开放合作等方面两地将携手展开进一步合作。

（一）成渝推进科技创新中心建设工作推进情况

成渝地区自建设具有全国影响力的科技创新中心以来，通过完善区域协同创新机制、促进创新资源有序流动、搭建科技创新重大平台、优化科技创新空间格局等多种举措，推动了科技创新中心建设见势成效。

一是完善区域协同创新机制。两地政府成立了协同创新专项工作组，集中研究和部署科技创新中心工作的重点内容。2023 年，两省市科技部门联合印发《川渝共建重点实验室建设与运行管理办法》，聚焦制约两省市重点产业发展的关键领域，联合共建重点实验室。签订了多项科技创新合作协议，在高端制造、电子信息、新能源汽车、生物医药、航天航空、核工业等领域，展开基础性和应用性研究，力争构建全国及世界范围内具有竞争力的创新链，打造强韧的产业链、供应链。

二是促进创新资源有序流动。在人力资源方面，2022 年，川渝人社部门签署《成渝双核人社事业协同发展合作协议》，以 12 条合作事项合力构建"双核"人社公共服务。在科研资金方面，两地打破了行政壁垒，通过发布联合攻关项目，在科研资金的共享共用制度上进行探索，累计联合实施攻关项目 115 项，项目资金超过 1 亿元。

三是组建科技创新重大平台。西南地区第一个国家实验室在成渝地区挂牌设立，超瞬态实验装置、种质创制大科学中心等 9 项大科学装置也在建设之中。同时，重庆市和成都市获批建设国家新一代人工智能创新发展试验区，四川大学和重庆大学成为首批国家应用数学中心建设单位，川藏铁路、生猪技术等国家技术创新中心也纷纷落户成渝地区。2023年，两地科技局联合印发的《川渝科研机构协同创新行动方案》提出到2025年，川渝科研机构研发投入总量预计达800亿元，基本建成川渝科研机构协同创新体系。

四是优化科技创新空间格局。为了推动创新空间的协调发展，成渝地区一方面大力建设创新核心空间，另一方面推动边缘地区协同发展。首先，通过"一城多园"的模式建设西部科学城，致力于打造创新空间的增长极，发挥创新核心的引领作用。其次，探索布局建设成渝中线科创大走廊，打造成渝科创中心建设的关键发展轴带。最后，积极推动川渝毗邻地区协同创新平台建设，先后编制了《成渝中线科创大走廊建设方案》《川渝毗邻地区融合创新发展带三年行动计划》等方案，加快推进"一廊一带"区域协同创新布局。

（二）成渝推进科技创新中心建设工作实践路径

成渝地区以"两中心两地"为支撑，准确把握共性与个性、竞争与合作、集聚与辐射的关系，携手打造带动中国西部的发展增长极和创新动力源，共建具有全国影响力的科技创新中心。《2023成渝地区双城经济圈协同创新指数》显示，2020年以来，成渝地区协同创新能力稳步提升，2022年协同创新总指数从2020年的100.00（基期）提升至157.07，较2020年增长57.07%，年均增速达25.33%。

1. 顶层设计完整，突出协同发展

一是国家层面发布规划纲要。2021年10月，中共中央、国务院印发《成渝地区双城经济圈建设规划纲要》，明确要建设成渝综合性科学中心、优化创新空间布局、提升协同创新能力、营造鼓励创新的政策环境。

二是两地科技部门携手共建科技创新中心。2020年4月，两地科技部门签署合作框架协议，着力构建区域协同创新体系，加快建设具有全国影响力的科技创新中心。2021年12月，两地科技部门签订合作协议，聚焦增强科技创新、协同创新、产业创新能力，合力打造全国重要的科技创新和协同创新示范区。2023年12月，两地科技部门联合印发《川渝科研机构协同创新行动方案》，统筹推进平台建设、科研攻关、成果转化、体制改革等领域创新协作，加快构建成渝地区双城经济圈科研机构协同创新体系。

三是两地政府联手出台系列实施方案。《增强协同创新发展能力行动方案》在《成渝地区共建"一带一路"科技创新合作区实施方案》基础上，2023年11月启动"一带一路"科技创新合作区和"一带一路"科技创新专项合作计划，在建立科技交往合作机制、深化科技人文交流、打造创新合作平台、促进国际技术转移等方面取得积极进展。

2. 科技资源共享，优化创新生态环境

一是两地协同对上争取平台布局。川渝两地提出川渝协同推动国家工程技术研究中心转建国家技术创新中心，共建矿产资源开发、碳中和等技术创新中心。积极创建高端航空装备、网络安全等国家技术创新中心，精准医学、钒钛新材料等国家产业创新中心，工业云制造等国家制造业创新中心。

二是协同推进重点领域攻关合作。联合实施川渝科技创新合作计划，开展新一代信息技术、人工智能、航空航天、资源环境、量子科技、生物医药、轨道交通、现代农业等重点领域联合攻关。在集成电路、软件、智能装备、新材料等重点领域组织实施军民科技协同创新项目。

三是成渝两地国有创投联合发起设立总规模50亿元的成渝地区双城经济圈科创母基金，采用"子基金＋直投"方式，通过直接投资或

设立子基金的方式，构建覆盖天使期、种子期、成长期及成熟期的全链基金体系。设立四川省自然科学基金；实施基础研究十年计划，围绕量子科学、宇宙演化、地球科学、物质结构、脑科学等开展前沿交叉学科研究，加强集成电路、新能源、现代农业、生物技术、信息网络安全等应用基础研究，推出更多原创性成果。

四是协同做好科技创新服务。建成线上川渝科技资源共享服务平台、成立成渝科技创新服务联盟，实现成渝两地专家库资源开放共享、推动川渝两地外国人才资源和引智成果共享，推动"天府英才卡""重庆英才服务卡"等8项服务内容对等互认，协同开展海内外高层次人才招引，加大引进一批战略科技人才、科技领军人才、青年科技人才、基础研究人才和高水平创新创业团队。

3. 打造协同创新载体，促进科技要素加速聚集

一是按照"一城多园"模式布局，共建西部科学城。打造西部（成都）科学城、西部（重庆）科学城、中国（绵阳）科技城、两江协同创新区等核心平台的建设，以成都、德阳、眉山、资阳同城化为"极核"，一体化构建成渝科创"大走廊"，协同打造成德绵乐广高新技术产业带、沿长江上游绿色创新发展带、川渝毗邻地区融合发展创新带。

二是依托重大项目名单，打造协同创新体系。从2022年开始，以持续每年初发布《共建成渝地区双城经济圈重大项目名单》，2024年重大项目清单包括现代基础设施、现代化产业体系、区域协同创新等7大类300个项目，总投资约3.6万亿元。实施科技创新项目31个，建成投用锦屏深地实验室等重大科技基础设施项目，加快推进成渝综合性科学中心、西部科学城等重大创新平台建设，开工建设中国地震科学实验场等大科学装置等项目，成渝地区正加快成为国家重要的科技创新策源地。

4. 创新链产业链协同，实现错位发展

一是以路线图研究强化创新链产业链协同。2023 年，瞄准加强双核创新联动，聚焦电子信息、数字经济、航空航天、现代交通等领域，成渝科技创新合作项目正式立项。围绕产业链部署创新链，成渝两地科研团队联合研制的太赫兹通信样机，每秒传输可达 1 万兆，协同开展成都"菁蓉汇"、重庆创新创业大赛等"双创"系列活动 50 余场。

二是以创新联合体建设提升产业发展。成渝地区聚焦优势重点领域，布局建设国家实验室、重大科技基础设施，推动创新资源共享共用，共建成渝综合性科学中心；创新"一城多园"模式合作共建西部科学城，协同推进科创平台建设、抓好关键核心技术攻关、促进科技成果转化应用，打造全国重要的科技创新策源地；支持组建一批以龙头企业为带动的创新联合体，共建国际高端研发机构。

三、成都建设全国科技创新中心的发展思路

为深入实施创新驱动发展战略，加快建设具有全国影响力的科技创新中心，提升城市发展能级和核心竞争力，2021 年《成都市科技创新中心建设条例》出台，以地方法规的方式全力保障科创中心建设。成都依托天府实验室、成渝（兴隆湖）综合性科学中心、西部（成都）科学城等平台，通过坚持创新核心地位、构建校地合作利益共同体的互利共赢模式、营造良好政策环境，让更多科技成果实现产业化等措施，加快构建具有全国影响力的科技创新中心，打造全国重要的创新策源地。

（一）成都推进科技创新中心建设工作推进情况

成都将推进科技创新与构建现代产业体系统筹安排、一体部署，发布《关于全面推进科技创新中心建设加快构建高质量发展现代产业

体系的决定》，聚焦关键节点加强科技创新中心战略设计，聚焦高质量发展加强现代产业体系总体谋划，推动高质量建设践行新发展理念的公园城市示范区，将科技创新摆在建设现代化城市新征程中的首要和核心位置，强化战略科技、校院地协同、产业技术三大创新平台，增强科技创新策源、科技成果转化、科技赋能发展三大能力，加快形成支撑全省、引领西部、带动全国、链接全球的科技创新中心势能。

首先，建立健全"基础研究＋技术创新＋创新服务"重大科技创新平台体系，不断完善重大科技创新平台建设机制，推动重大创新平台集聚布局和加快建设。西部（成都）科学城高端创新平台已集聚成势，天府实验室实体化运行；国家川藏铁路技术创新中心、国家精准医学产业创新中心载体基本建成；截至 2023 年底，成都已经拥有国家超高清视频创新中心、国家高端航空装备技术创新中心、国家精准医学产业创新中心等 146 个国家级科技创新平台，组建市级工程技术研究中心 127 个、产学研联合实验室 188 个，在这些创新平台上诞生了第一代 x86 CPU 芯片、C919 客舱核心控制系统和信息系统等一系列原创科技成果。其中，"成都造"氢燃料电池柯斯达客车下线、碲化镉发电玻璃等高科技产品"护航"冬奥，机场智能运行控制系统在全国 20 多个机场实现应用，产值超 20 亿元。

其次，在强化科研成果转化的金融要素供给方面，2023 年初，成都建立总规模超 119.41 亿元的风险补偿资金池；与 23 家金融机构合作开发"科创贷""成果贷""人才贷""研发贷"等系列金融产品，帮助 2800 余家中小型科技企业获得信用贷款 238.17 亿元，其中"人才贷"支持 213 名高层次人才在蓉创新创业，"成果贷"支持高通量卫星互联技术等 833 项科技成果产业化。

最后，为科技成果转化营造更具活力、更加畅通、更加宽容的环境，少不了转化服务平台和专业技术经纪队伍的支撑。成都已培育国家和省级技术转移示范机构 47 家，推进建设天府国际技术转移中心、国家技术转移西南中心、成都知识产权交易中心等成果交易平台；建立完善技术经纪人培训体系，鼓励有条件的高校和专业机构结合实际，科学设置培训课程，采用"理论＋实务＋实战演练"的培训模式，开展线上＋线下的技术经纪专业化、梯度化培训。在深化产学研协同合作方面，不断深化与高校院所战略合作，先后与清华大学、上海交通大学、北京航空航天大学等21家知名高校院所建立战略合作关系，与25家知名高校达成了项目合作。建设"环川大科技成果转化区"等11个环高校知识经济圈，支持近1000名高校院所科技人才带科技成果创办企业超过500家；举办"校企双进""菁蓉汇"系列活动1000余场，吸引近8000家在蓉企业和3000余名专家教授参与，近3年累计促成企业与高校院所研发转化合作项目近2600项；举办成都"智"造新技术新产品云对接活动，开展国际双城链云对接活动，通过网络搭建线上对接合作平台，推动以色列卡媚迪斯亚太中国药用植物创新中心等一批国际成果转化项目落地成都。①

（二）成都推进科技创新中心建设工作实践路径

1. 政策先行，多措并举推动科技成果转化

2023年7月，成都市委印发《成都市进一步有力有效推动科技成果转化的若干政策措施》，在推进成果就近就地转化、完善成果转化服务链条、改革成果转化体制机制、发挥创新平台成果溢出作用方面发力，围绕建设科技成果转化中试平台、打造成果转化服务生态集聚区、提升企业成果吸纳转化能力、培育以成果转化为导向的新型研发机构、加强国资国企创新转化激励、鼓励科技人才创新创业、发挥场景应用对成果转化的牵引作用、加大科技金融对成果转化的赋能力度、升级

---

① 温彩苓：科技成果转化"转"动创新高质量发展［EB/OL］. http：//sc. china. com. cn/2023/zonglan＿6213/481756. html.

成果孵化转化载体、建立西部（成都）科学城成果转化机制等共 10 个方面，提出了 28 条具体政策措施，着力打通转化"最后一公里"，致力于推动成都科技成果转化，加快建设科技创新中心。

仅半年之隔，2023 年 12 月，成都市委、市政府印发《成都市推进科技创新和科技成果转化同时发力的实施方案》，从强化企业创新主体地位、释放高校院所创新动能、激励科技人才创新创造、加强创新要素保障、完善科技成果转化服务机制 5 个方面，围绕 28 项重点改革任务，推进科技创新和科技成果转化同时发力，积极营造创新创业良好生态，着力打造西部地区创新高地。鼓励高校开放科研，加深与市场的连接。其中包括支持本地企业购买高校院所技术成果在蓉转化，按成交额给予企业财政补贴；高校院所科研人员带成果在蓉创办、领办科技企业，按实缴资本金给予补贴；支持区（市）县与高校结对联动，利用校园及周边存量房产建设成果转化孵化载体，在 5 年过渡期内土地用途和使用权人可不作变更等。从《成都市科技创新中心建设条例》到《关于全面加强科技创新能力建设的若干政策措施》"科创 18 条"再到职务科技成果权属改革的"科改 30 条"，成都逐渐探索出"先确权、后转化"的新模式，以产权促进创新，赋予高校院所和科研人员更多自主权，进一步促进科技成果在蓉转化。①

2. 高品质功能服务平台，推动科技成果转化有力有效

成都市大力推进各类科技创新平台建设，聚集了一批高能级创新平台。为发挥科创平台的强链聚链功能，成都市从支持新建创新平台、鼓励平台开放共享、促进平台成果转化发展等方面推出了政策举措。在创新平台建设方面，鼓励企业牵头，联合高校院所、上下游企业、

---

① 科技成果"转"动高质量发展［EB/OL］. https：//www.sohu.com/a1640217952_355475.

科技服务机构等，共同建设运营中试研发平台，面向产业链开展概念验证、中试熟化等服务，市级财政将给予资金支持。在鼓励平台开放共享方面，将升级"科创通"服务平台，上线运行全市"科技创新资源数字地图"，推进科技资源和创新成果"上云入库"。采取科创券的方式，支持各类创新平台面向产业链开放科研基础设施和大型科研仪器设备，为企业提供检验检测、高性能算力等服务。在促进平台成果转化方面，持续推进西部（成都）科学城建设，加快聚集大平台大装置。对企业与天府实验室等创新平台开展产学研合作，实现科技成果转化和产业化的，可获得最高1000万元支持。

3. 发挥链主企业作用，引领创新链产业链融合发展

2023年2月，成都发布《关于聚焦产业建圈强链支持实体经济高质量发展的十条政策措施》，围绕企业全生命周期、全要素，出台有关政策措施。5月启动2023年度"成都市产业建圈强链人才计划"，加快引育能够补齐短板、攻克技术、引领发展的产业链领军人才。聚焦新兴产业，强化重大创新平台引领，加快建设国家精准医学产业创新中心等创新平台。在创新链方面，发挥链主企业的创新引领作用，大力支持引进企业研究院、研发中心、创新孵化平台、行业公用平台等创新资源，带动和推动整个产业链不断创新发展，对在成果转化示范、产业链协同创新方面作出突出贡献的单位，将给予最高1000万元经费支持。在产业链方面，以打通26个重点产业链关键环节为重点，紧扣链主企业需求，支持带动核心配套企业、上下游关键配套企业集聚，在政策方面给予相应倾斜支持。不断完善链主企业、公共平台、中介机构、产业基金、领军人才等"5＋N"产业生态，通过链主企业牵引带动创新链、产业链、资金链、人才链深度融合发展，[①] 持续营造有利

---

① 中共四川省委十二届三次全会举行［N］．四川日报，2023－06－20.

于企业发展的良好产业生态。

4. 首创科技金融贷款产品，为创新主体助力

科技创新成果的转化离不开金融的支持。针对科技型中小微企业遇到的难题，成都在全国首创了以"科创贷""人才贷""成果贷"为代表的一揽子科技金融贷款产品，在解决"高科技、高风险、轻资产、无抵押物"科技型中小企业贷款难的问题上发挥了重要作用。[①] 一方面，建立"政府＋银行"的财金协同创新机制，开发精准信用贷款产品。引导银行根据科技企业拥有的资源特征，将创新的源头（高科技人才）、创新的主体（高新技术企业）、创新的产出（科技成果）作为银行授信的核心要件，不再过度依赖抵押品和财务报表。另一方面，建立"增信＋风险分担＋贴息"的债权融资机制，解决银行贷款后顾之忧。对申请贷款的科技企业进行前置甄别，通过后再推荐给银行机构，实现对科技企业的增信；同时，政府对银行机构贷款后产生的损失给予一定比例的补偿，实现对风险的分担。贷款结清后，再给予科技企业一定的贷款贴息补助，降低科技企业的融资成本。

"科创贷"由成都市科技局联合银行机构共同开发，是面向成都科技型中小微企业，特别是入驻各类创新创业载体的初创企业，通过政府资金帮助企业增信，联合银行（包括经市金融办批准设立的科技小贷公司）、担保公司、保险公司开发的一种信贷产品。"科创贷"引入市区两级政府、保险公司、担保公司与银行共同设立风险补偿资金池，并确立了政府最高分担50％、银行最多承担50％的风险分担比例，还建立了"银行＋政府""银行＋政府＋保险""银行＋政府＋担保"等多元化信贷融资模式，实现多元化风险缓释模式。"科创贷"运用政府

---

① 黄雪松. 成都"科创贷"已累计放款超 300 亿元 [N]. 成都日报，2023 - 09 - 12.

专项资金作为风险兜底，一定程度上帮助银行和担保机构缓释了贷款损失风险。这一举措不仅降低了客户的贷款门槛，还大幅下调了客户的综合融资成本，受到了市场的高度认可和科技型企业的欢迎。通过"银行＋政府＋担保"的信贷融资模式，实现风险共担，金融机构对科技型企业的支持力度也得到了大幅提升。截至2023年底，"科创贷"已累计培育主板、港交所、创业板、科创板、北交所上市企业30余家，总支持金额超5亿元，实现累计放款9748笔，放款金额300.92亿元，其中2023年实现放款近60亿元，同比增长4.24%。①

本章小结

我国超大城市在推进国际创新中心建设中展现出多方面的努力和策略，进行了深入探索并取得了一系列成果。如，政策创新与环境优化，各地均通过政策创新营造更加开放、包容的创新环境，降低创业门槛，吸引人才和资本。在产学研方面力求深度融合，强调产业界、学术界与研究机构的深度合作，促进科研成果转化，形成产学研用紧密结合的创新链条。聚焦关键领域，集中力量在人工智能、生物医药、新能源、信息技术等前沿领域取得突破，培育新兴产业集群。不断加强国际交流与合作，吸引海外高层次人才和项目，参与国际科技竞争与合作，提升国际影响力。这些策略既注重内部机制的创新与优化，又强调外部开放与合作，力求在全球科技创新版图中占据领先地位。

此外，我国超大城市科技创新的特点是各地都根据自身的产业特点和优势，明确国际创新中心的战略定位和发展目标，包括确定主导

---

① 陈科，李诏宇. 成都探索科技金融精准服务新模式［N］. 科技日报，2023－11－17.

产业、发展方向以及在国际创新网络中的位置。例如，注重科技与产业的融合，通过科技创新推动产业升级和转型，注重培育新兴产业和战略性产业，为城市经济发展注入新的动力。推动绿色低碳发展，在推进国际创新中心建设的过程中更注重绿色低碳发展，通过科技创新推动绿色技术的研发和应用推动城市可持续发展。

第九章

产业与科技创新的融合之路

党的二十大报告指出，完善科技创新体系，坚持创新在我国现代化建设全局中的核心地位。中国经济进入发展新阶段，着力推进高质量发展，成为全面建设社会主义现代化国家开局起步的主要目标任务之一。海洋被认定为高质量发展的战略要地。党的二十大报告中提出加快建设海洋强国，加快建设航天强国，强化太空、海洋等安全保障体系建设一系列要求。目前，我国在国家安全、科技创新、经济社会发展等方面迎来巨大挑战，海洋与航天同属国家发展战略高位，迫切需要航天与海洋两大重要领域共同发力应对。航天赋能助力深海产业高质量发展，是贯彻落实创新驱动发展战略的客观要求，是实现高水平自立自强等指示精神的重要举措，更是增强自主创新能力，激发创新活力的重要支撑。

第一节　我国航天与深海产业发展现状

航天在赋能助力深海产业高质量发展中有着举足轻重的作用，围绕着卫星、通导、遥感三大功能的开发，广泛应用于海上运输定位、海洋工程装备、海洋牧场、气象观测、海洋环境监测、海油监测、海上船舶的数字化智能化，以及海上应急、边海防等领域。航天技术成为服务建设海洋强国、拓展蓝色经济空间、维护国家海洋权益以及推进海洋高新技术发展的有力支撑。

一、实现立体监测，摆脱对国外海洋观测数据的依赖

目前，我国海洋卫星已进入全面快速发展阶段，已形成了中国自主的海洋卫星技术体系，摆脱了对国外海洋观测数据的依赖。已建成以海洋水色卫星星座、海洋动力卫星星座、海洋监视监测卫星三个系列并实现同步在轨运行，应用服务成效显著。实现了从单一型号到多种型谱、从试验应用向业务服务的转变，向系列化、业务化的方向快速迈进。为进一步满足海洋各类信息获取的时效性和全球覆盖性要求，通过发展海洋卫星组网观测，建成水色双星组网、动力三星组网、应急双星组网，与海洋站、雷达、浮潜标、海底观测网、志愿船、断面调查等多手段协同观测，弥补了单一载荷、单一卫星工作时间、覆盖范围小的不足，为全球动力环境要素的监测、海洋军事应用、海洋防灾减灾、海洋环境保护、海洋生态调查、海洋渔业资源服务、海域使用动态调查、海洋执法与权益维护、海岛海岸带调查提供有力支撑。

二、充分发挥科技创新引领作用，点燃"蓝色引擎"

通过全力发挥航天科技创新引领作用，破解制约海洋发展的瓶颈，点燃了可持续发展的"蓝色引擎"。近10年来，我国通过业务卫星收集的海洋观测数据评价指标目前已处于国际先进水平，实现我国参与全球的海洋活动和治理；我国精密定轨水平实现从最初的公里级、米级到厘米级的跨越，为测量海面变化提供有效的技术支撑，达到了国际先进水平；2018年成功发射的中法海洋卫星，搭载着两个国际上最先进的载荷，一个是扇形扫描体制的散射计，一个是星载海浪谱测量

仪器。通过获取全球海面波浪谱、海面风场、南北极海冰信息，更好地了解、认识和模拟海表面波的动力过程与变化过程，提高灾害性海况预报的精度与时效，完善了我国海洋立体监测手段，为海洋科学研究、全球气候变化研究提供实测数据并积累历史数据。

三、助推数字海洋向智慧海洋转变，为智慧海洋体系建设提供数据支撑

随着海洋科技创新水平的全面提升，海洋观测技术目前已经实现从自动化到智能化的阶段性飞跃。当前，云计算、人工智能、大数据、5G、工业互联网、区块链、虚拟现实、物联网等技术在海洋观测领域也将得到拓展，海洋科技创新催生出新发展动能，带来了新的机遇和挑战。智慧海洋是基于海洋数字化和透明化发展而形成的海洋智慧化高级形态，是海洋信息化发展的必然趋势。航天技术赋能智慧海洋建设，可以海量的数据源为智慧海洋体系建设提供数据支撑。同时，海洋卫星数据处理算法与数据存储技术的迭代，是人工智能大数据在海洋场景应用的具体体现，同时不断向先进计算能力提出需求，促进了计算能力的发展。

第二节 航天赋能助力深海产业高质量发展

一、深海工程与航天工程的可比性

基于人类对于陆、海、空之间的科技联系和科学探索的基本认知，可将科技体系划分为陆域科技、空天科技和海洋科技三大部分，其中，陆域科技体系是主体，空天科技和海洋科技为"两翼"，形成了"一体两翼"的架构。从科技的高度复杂性和前沿性角度看，空天科技体系

以航天科技为核心，海洋科技体系以深海科技为核心，由此"一体两翼"的架构可以推演为以陆域科技为"主体"，航天与深海科技为"两翼"的科技体系架构。

将航天科技和深海科技置于"两翼"的位置，源于二者具有的诸多相似性：一是探索空间的特殊和未知性。空天科技是探索大气层以外的空间，而太空浩瀚无边，充满未知；深海科技探索的是海洋内部深处，深海也不是地面过程的归宿，而是地球内部的出口所在，人类迄今为止对其认知几乎空白。二是探索方向和条件的类似性。二者均为垂直方向，航天科技垂直向上，需要克服地球引力、完成真空状态下综合性科技探索活动；深海科技垂直向下，需要克服水柱压力、完成强腐蚀性状态下综合性科技探索活动。这种垂直方向上的科技探索具有颠覆性和开创性，直接涉猎许多重大科技前沿，是多学科、多领域综合集成的新兴研究领域，极大地带动科技和产业的发展。

权威数据显示，自航天工程启动后，有 2000 多种航天科技成果转移至国民经济各部门，对制造业的前向综合关联系数高达 0.84；在深海领域，中国目前对深海的探索只处在初级阶段，但从其标志性产品显现的产业关联效应已初现端倪。例如，"蛟龙"号等系列潜水器的研制，不仅带动了国内深海装备高端产业的发展，还带动了水声通信、能源、动力、导航和材料、机电和人工智能等下游产业的研发；蓝鲸 1 号半潜式钻井平台系列的研制，有效地带动了上下游 700 多家配套企业的发展，带动相关产业年产值 200 亿元以上。同时，由于航天科技与深海科技探索空间的未知性和高难度，意味着航天工程与深海工程的科技探索的长期性和边界不确定性。

二、深海科技与航天工程存在的差距

航天工程在 60 余年的发展历程里，基于国家重大战略需求，按照航天科技的内部技术联系，形成"谱系式"的研究目标，如"两弹一星"—载人飞船—嫦娥探月—太空空间站等。这种环环相扣的系列目标，形成了中国航天工程特有的系统性技术发展路径。航天工程从20世纪60年代开始就在研制实践中形成了一套符合规律、与国外标准一致并具有中国特色的系统工程管理方法。一是采取了在国家主导下大科学工程的组织管理模式，成立了极具权威、统一的领导机构进行组织协调，即从"两弹一星"时期较高层级的"十五人专门委员会"，到载人航天时期国务院总理担任主任的"载人航天专门委员会"及"中国载人航天工程办公室"；形成了"一体两线"（总体设计部和两条指挥线）的组织体系，打破了建制、部门、区域和体制内外等的限制，保障了航天工程的目标牵引、组织协调、决策指挥等系统管理活动的有效实施。二是实施了以"三步走"（预研一代、研制一代、生产一代）为核心的型号产品发展路线。三是制定了4个技术状态（方案、初样、正样试样、准备定型）的型号研制阶段管理，即型号研制的每个阶段都有明确的定义、任务与完成的标准，转阶段也必须有严格的评估与评审。四是建立了"系统质量"观念下完善的质量体系和制度等。

从深海科技目前的发展现状来看，各研制机构以产品序列的方式进行研发，未能按照深海科技的内部技术链条形成系列目标，存在顶层设计不明确、统筹规划不足等问题，容易产生重复研究和建设的弊端。关注深海的管理部门包括自然资源部（下属国家海洋局）、"两院"（中国科学院和中国工程院）、国防部、工信部和教育部等部门，中船重工集团公司和中国海洋石油总公司等国企也向深海科技领域投入了较大的研制力量，从一个侧面反映出发展深海科技的重要性和紧迫性，但也存在多头管理、各自为政的现象，容易造成政出多门、职责不清和相互推诿的弊端，不易形成合力。

三、运用大科学工程思想推进深海工程创新体系建设路径

深海工程体系统筹兼顾当前与未来发展需求，按照大科学工程思想，开展总体设计、预研评估、体系形成、体系更新和体系的循环升级，促进体系的集成与能力的持续提升；"一底"是指以深海关键与支撑技术以及服务平台为保障开展深海工程建设；"三横"是指通过系统管理、机制建设等措施实现"应用服务"的功能；"两纵"包括标准管理和风险管理两个保障体系，以实现深海工程规范和安全运行。大科学工程具有体系复杂、规模庞大、投资巨大和建设周期长等特征，在深入分析深海工程系统特征的基础上，笔者认为需要从目标设计、体制保障和机制建设三个方面推进深海工程科技创新体系的建设。

（一）目标设计

制定重点研发和技术储备相结合的中、长期目标，重视内部技术链条的衔接性，设计切实可行的技术发展路线图，确定工程建设的优先顺序，合理配置科技资源。

（二）体制保障

一方面，建立权威机构。借鉴航天工程的经验，本着由"最高层"领导"最尖端"的原则，建议成立较高层级、极具权威的深海工程重大专项专门委员会，集指挥权、财政权、人事权为一体，体现党、政深度融合、高度集权的机构。另一方面，建议抓紧筹建"深海工程科技集团"，具体是指专门以研发深潜器为代表的深海尖端装备技术系统为目标的产学研一体的"协同创新"集群，整合集聚创新资源。

（三）机制建设

机制建设包括完善自主创新、人才培养、市场化运营、国际合作、风险防范和陆海空科技统筹六大机制。

第一，完善自主创新机制。以国家重大战略需求为牵引，科技投入向重点机构、重点项目和重点工程汇聚和倾斜。提高深海装备的国产化使用率，政府应通过公共采购、价格补贴、税收减免和优惠等措施，鼓励使用国产化的深海设施和配件，从绩效考核导向上转变重引进轻消化吸收、重模仿轻创新的思想。逐步提高科技创新的个人和团队的收益分配比例，注重知识产权的保护。营造宽容失败的科研环境氛围，深海领域的科技探索属于颠覆性的研发活动，其研制过程的每个阶段都存在失败风险因素，宽容失败，也是尊重科研活动规律的体现。

第二，完善人才培养机制。依托项目工程从实践中培养人才，建设一批高层次创新性科技人才培养基地；整合现有高校资源，建立较高层次的深海科技专业院校，或增加"双一流"涉海高校的招生规模和师资力量；在相关高校和研究机构围绕深海关键技术统筹均衡布局相关学科建设，依托产学研协同创新联盟，系统培养具有多元知识结构的复合型人才；实施顶尖人才引进计划，加速国际人才聚集。建立人才多元评价体系，摒弃单纯以论文和专利为牵引的学术成果认定机制，建立以技能和研发水平为主导的人才评价考核机制。

第三，完善市场化运营机制。重视科技成果的转移转化，实现科技成果供给方和需求方的高效对接，形成高校、科研院所和企业主体之间的创新合力，缩短高科技产品研发到商品化、市场化的运行周期，有效降低技术创新的风险和成本。拓展多元化投融资渠道，借助深海工程的品牌效应，在保障战略安全性和保密性的前提下，鼓励拥有较大资金实力和科技优势的民营企业参与深海资源的勘探开发，采用"民间资金＋国家支持"的资金组合方式，既为庞大的民间资本提供了良好的投资渠道和效益，也还原了深海资源勘探开发的社会属性。

第四，完善国际合作机制。结合"一带一路"的战略实践，搭建国际交流与合作新平台。一是克服阻力，在继续扩大与发达国家技术合作领域的基础上，开拓与发展中国家南南合作的新局面，协助发展中国家进入深海研究领域，将开展国际科技合作纳入外交战略，致力于构建"以我为主"的国际深海科学研究新秩序。二是积极倡导"以我为主"的国际综合大洋钻探计划（IODP），以期取得国际综合大洋钻探的主导权。三是开展多层次的学术交流活动，开阔思路，提高合作水平。四是以全球和区域热点为基础，积极参与国际深海探测和联合开发活动，提高深海勘探开发能力。五是建立专门机构，统一、集中处理深海科技领域的国际合作事宜。

第五，完善风险防范机制。当今世界各类系统性风险增多，风险联动性增强。防范和化解重大风险是大科学工程不可回避的挑战。对于深海工程自身的风险而言，可借鉴英国、日本等发达国家在大科学工程建设中建立专门的机构研究、应对各种风险的经验，建立覆盖深海工程整个生命周期的预先预测、识别的"前摄性"的风险管理，中期过程评审、及时纠正的"事中控制"以及持续追踪、灵活应变的"权变管理"整套风险防范系统，设置专门的机构和专业的科技人才来履行风险防范职责。同时，深海工程的建设还面临外部环境趋于紧张的风险，主要是国际竞争更加激烈导致外部交流合作渠道变窄的风险，关键核心技术受制于人被卡脖子的风险等。所以，强化对深海工程科技发展战略部署，在加强重大创新领域战略研判和前瞻性部署的基础上，抓紧布局国家重点实验室，重组国家实验室体系，建设国家重大创新基地和创新平台，形成国家战略力量。加快科技安全预警检测体系建设，加强对重点科技领域的持续关注，建立重大科技安全事件应急处理机制。

第六，完善陆海空科技统筹机制，强化科技三驾马车的理念。陆域科技、航天科技和海洋科技是 3 个相对独立的科技领域，是中国科技领域的三驾马车，其关系既独立又融合，统筹发展空间巨大。看似 3 个并不相关的领域，如今却有着越来越紧密的合作。陆域科技为航天和海洋科技提供坚实的基础；航天科技在海洋监视监测、海上智能交通管理、防灾减灾和海洋权益维护等方面与海洋科技存在较深的融合；海洋科技的发展又为航天和陆域科技的发展提供了发展需求，推动陆域和航天科技的技术迭代升级和再创新，如智能制造技术、海洋卫星观测技术等。树立航天科技、陆域科技和海洋科技均衡发展的理念，三驾马车须并驾齐驱，不能失之偏颇，忽视其中任何一项的发展，都将严重影响中国科技发展的进程。做好陆海空科技统筹，加快建设科技强国和进入创新型国家的步伐。

本章小结

中国在航天科技与深海探索融合创新方面取得了显著成就，体现了"海天一体化"发展战略的深度实施，深海领域的应用创新不仅促进了深海科考能力的提升，也加速了深海资源开发的技术进步，体现了科技创新对于国家深远海战略的重要支撑作用。卫星遥感技术、航天通信技术在深海装备科考和探测钻探领域的应用发挥了关键作用。卫星遥感数据能够提供大面积、高分辨率的海洋表面信息，如海温、海流、海洋颜色等，这对于理解深海生态系统、追踪洋流变化、发现潜在的矿产资源位置等至关重要；航天通信中远距离、高稳定性的技术，提高了深海探测装备的数据回传能力，在确保深海科考船、潜水器与地面控制中心之间的高效通信方面提供了高效支持；航天器的极端环境适应技术已在载人潜水器等深海装备耐高压材料、密封技术、生命保障系统等的设计与制造中有应用的实例。我国航天科技创新在深海领域的应用广泛而深入，为深海探测技术的发展提供了强大的支持，也为我国海洋事业的发展注入了新的动力。

第十章

推进科技创新和科技成果转化同时发力的建议

第一节 加速科技创新和科技成果转化的战略选择

在国际经济和科技竞争日趋激烈以及我国正在建设创新型国家的重要战略机遇期，我们面临着重大的机遇和严峻的挑战，不论是加强国际竞争力，还是解决国内经济社会的矛盾，科技创新是重要的战略抉择。当然，仅有科技创新成果是不够的，而只有将科技创新成果转化为现实的生产力，才能充分发挥科技创新的巨大作用，才能真正推动国家经济的大发展。因此，新时期我们应该更加重视科技创新，加速科技成果转化进程。

根据前面章节对各城市科技创新现状以及对科技成果转化绩效评价及影响因素的分析可知，我国在提高科技创新和科技成果转化绩效方面还面临着一些问题。促进科技创新和科技成果转化同时发力，应从深化科技体制改革、优化科技资源配置、构建高质紧密的创新城市网系、拓展多层级全社会研发投入等多方着手，着力构建以企业为主体、市场为导向、科经金紧密融合的技术、高端制造产业生态圈和创新人才五个维度的创新体系。

一、深化科技体制改革

从第二章中的科技成果转化系统存在的问题来看，科技体制问题已是阻碍科技成果转化的根本原因所在，如，科研院所未能真正实现市场化转制、高校缺乏科技成果转化的积极性等导致技术成果未能从科研院所和高校顺利走到企业这一端，即科技与经济存在一定程度的脱节。科技成果转化本质上是科技经济一体化，国外根本就没有科技成果转化一说，因为其科技与经济本来就是高度融合的。因此，深化科技体制改革能从根本上加速科技成果转化，促进科技与经济的融合。

过去，我国科技与经济长期处于脱节状态，直到1978年中共中央作出了进行科技体制改革的决定，改革的目标主要是使科技与经济更好地结合，使科技人员的作用得到充分发挥，使科技成果迅速而广泛地应用于生产，提高科技生产力，促进科技和社会发展。经过30多年的探索，我国的科技体制改革取得了一定成效，但脱节问题仍然没有太大的改观。我国经济体制改革已进入现代企业制度建设阶段，无论是国有企业还是民营企业都已基本实现市场化运作，但在科技体制上，由于科研资源大多掌握在政府及其所属的高校、科研院所手中，各地政府机关对企业的制约较大，企业（尤其是国企）在技术创新中的自主决策权难以完全实现，企业吸收科技成果的行为无法摆脱政府的影子。在政府掌控绝对资源的情况下，政府部门间、科研机构条块分割依然存在，而且缺乏统一协调，科技与经济存在一定程度的脱节，许多有价值的科技成果束之高阁，阻碍了科技成果转化，且科技信息交流不畅，成果共享也不理想。因此，党的十八大明确提出了实施创新驱动发展战略，深化科技体制改革。2012年中央6号文件提出了要深化科技体制改革，加强科技与经济的紧密结合，并出台了多项措施。特别强调在自主创新、引进消化吸收创新和集成创新的同时，更要加强协同创新。2021 年审议通过的《科技体制改革三年攻坚方案（2021—2023 年）》，包括构建关键核心技术攻关的高效组织体系，建立使命驱动、任务导向的国家实验室体系，布局建设基础学科研究中心，改革创新重大科技项目立项和组织管理方式，加强体系化竞争力量等策略。为加快创新成果向现实生产力转化，国务院办公厅印发的《专利转化运用专项行动方案（2023—2025 年）》从大力推进专利产业化、强化高校和科研机构专利转化激励、培育知识产权要素市场等方面作出具体部署。

二、优化科技资源配置

第四章对科技成果转化绩效影响因素的分析表明：科技资源投入对科技成果转化绩效有显著正向影响，但科技资源又具有明显稀缺性，因此，优化科技资源配置就显得尤为重要。优化科技资源配置就是以最大限度地提高科技创新活动的产出效率及其所实现的经济效益为目标，而对现有与后期投入的科技资源的组合结构中的不合理成分从宏观与微观角度加以调整，并建立起与科技经济发展状况、科技体制相适应的科技资源配置机制。

可见，首先，优化科技资源配置能够提高科技成果转化绩效。由科技成果转化绩效的影响因素分析可知：各因素对科技成果转化绩效的影响有大小之别，因此，我们可以根据其影响力的大小来选择优化科技资源配置的途径。其次，科技资源配置的核心问题是科技资源配置结构，但是在科技成果转化的主体及阶段方面，科技资源的配置结构不合理。从第四章的分析来看，科技资源在研发主体的配置结构上存在一定的不合理性：作为对科技成果转化绩效影响最大的研发主体，研发机构的科技资源投入相对较少。科技资源在研究与试验发展的各阶段的投入结构上也存在一定的不合理性：作为对科技成果转化绩效影响最大的环节，应用研究阶段的科技资源投入相对较少。研发机构与应用研究阶段的投入不足成为阻碍科技成果转化绩效提升的短板。此外，科技资源在科技成果转化各阶段的配置结构上也存在不合理：科技成果的转移阶段，即中间试验和工业化试验阶段的投入相对不足。以高校为例，虽然近年来，高校的 R&D 经费不断增长，但资金短缺的呼声似乎有增无减，问题很大程度上在于资金配置结构不尽合理，集中体现在中试资金严重匮乏。我国高校科技成果转化过程中一个突出的现象是"哑铃"现象，即两头大、中间小。科技成果的产生阶段即研究开发阶段投资不是最大，由于是基础工作，可以获得国家、学校的各种形式的资助，但风险最大；科技成果的使用阶段即规模生产阶段尽管投资很大，但由于利益的驱动，多元化的投资主体使得资金的筹措并不十分困难。而作为中间环节的成果转移阶段处于成果产生阶段和成果使用阶段之间，既难以界定为科学研究活动，又难以界定为生产活动，在资金的投入上成为两不管的中间地带。由于成果转移阶段的风险性较大，因此高校承担的资金额度不大的基金或预研科研项目经费难以顾及，而企业的生产性预算也不包括它，于是成果转移阶段的资金不可避免地缺乏。据资料统计，日、美等发达国家用于科研、中试、生产的投资比例一般为 1:10:100，而我国目前却为 1:0.6:1。正是因为经费和试验条件所限，导致许多很有应用前景的产品和项目停留在小试或样机阶段，或者以未经中试的不成熟技术状态面市，而大多数企业又无力直接消化这些实验型成果或不具备系统配套条件的单项技术，严重影响了我国高校科技成果转化的成熟性与可行性。因此，政府资金应更加着重引导各类资金投入到试验发展阶段，解决中试瓶颈问题，将有力促进科技成果的转化。

三、构建高质紧密的创新城市网系

一是扩大"核心径"，增强城市"内核环带"城市创新协作能级。

如超大城市成都以城市群"内核环系"城市创新提升为重点，更充分发挥成都在成渝双城经济圈区域创新协同、产业梯度转移中的辐射带动作用，推动成都部分产业向周边城市转移，进而促进创新城市网系成都"内核环带"，如德阳、绵阳、内江等城市与"边缘区"城市，如遂宁、雅安、乐山等的创新资源流动及协作，从以切实推进成都主核创新"回波效应"为主转变为以"扩散与辐射效应"为主，扩大增强成都"内核环带"城市创新协作能级。

二是建设"策源地"，增量节点联片城市群创新协作网系新流动。积极发挥成都在成渝城市群创新网络中的"桥梁"作用，科学谋划和建设创新策源地，进一步延展成都自身影响力及创新协作力，加强成都与成渝城市群创新系中"边缘区"城市的创新协作、增量城市群节点城市的创新协作，减少节点城市之间在创新协作中的阻碍。

三是夯实"多支撑"，加快功能导入，提升城市群创新协作实效。目前成渝城市创新协作网系核心城市已经从最初的成渝双核，逐步拓展为成都、重庆、德阳、眉山、资阳等组成的多核格局。随着产城融合、"科学＋城"等发展升级，亟须进一步提升功能。建议加大发挥成都在城市群创新网系中"多点支撑"功能的培育作用，推动成都在创新功能项目和创新资源导入上积极作为，更多地高起点布局适宜产业、高浓度集聚创新要素，创新功能和服务升级城市群创新协作效能。

四、拓展多层级全社会研发投入

一是全力拓宽创新研发投入渠道。加快完善多元化、多层次、多渠道的科技创新投入体系，将政府资金重点聚焦解决产业链中"卡脖子"问题，企业资金侧重用于实验及应用研究。针对高创新性的战略性新兴产业，以政策引导降低风险投资和民营企业行业准入门槛和研发投入风险，吸引更多长期资本投入科技创新领域，科学引导加大创新研发投入力度。

二是着力活跃创新主体内生力。加大培育本土创新企业，支持高技术产业领域科研机构发展前景较好的预研项目，提升承接国家科研项目的能力和水平，争取更多中央财政资金支持。

三是探索推动创新要素资本化。探索以融资担保、研发保险、融资租赁等为核心的创新服务配套，加快建立全国性的知识和技术产权评估市场，发展动产抵押贷款，尝试动产支持债券，让技术产权市场和金融市场紧密结合起来，推进创新要素证券化资本化，打造数据与资本高效对接的综合服务平台，推动数据要素资本化，促进资本科学投新、投早、投小。

五、激发创新人才持续内生动力

一是构建高端人才"循环型"生态系统。由政府主导，充分调动企业、行业、高校、院所积极性，多方共建完善城市创新机制，构建全方位的创新服务体系，培育多元化的协同创新文化氛围，促进创新要素跨区域、跨行业、跨部门合理流动。把人才的聘、用、育、留有机融入人才生态链中，提高人才的适应性，使人才在生态系统中获得能量，激发创新活力。加强与周边城市的合作，创建良好的人才外围大生态系统，以内引外、以外促内，形成内外部生态系统的良性互动，提高创新效率（见图 10-1）。

二是搭建高端人才"软着陆"平台。多形式、多渠道搭建人才软着陆通道和平台，聚焦重点创新领域、重点技术创新、重大攻关项目实施跨地区、跨行业联合创新，以项目合作、委托生产、实验共建、鼓励成果转化等形式开展双边或多边合作，深化人才共享创新机制，全面打通科技创新链条，在合作共享的基础上实现高端人才集聚。

三是完善高端人才"柔性化"管理。在住房补贴、子女教育、薪酬待遇、医疗等刚性激励的基础上，加大对人才的收益分享、培养提升等柔性激励，完善"利益趋同、风险共担、长期激励、持续创新"

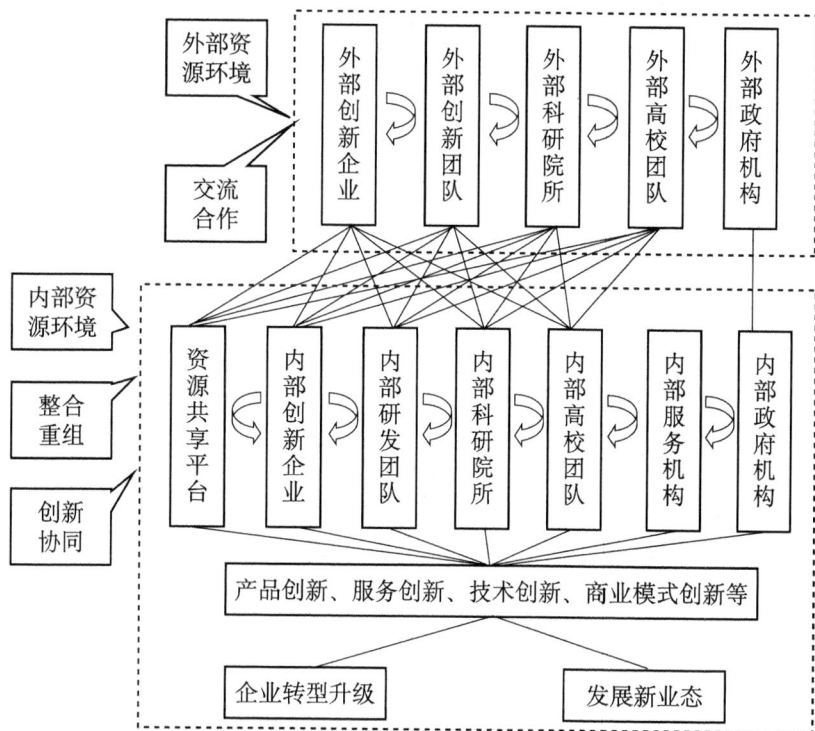

图 10 - 1　人才创新动力生态系统

激励机制，加大对杰出贡献人才的宣传和表彰。搭建面向科技工作者的心理健康服务便利化平台，建设心理健康服务专家资源库，提供线上线下的专业咨询服务，及时满足科技工作者心理咨询需要，助力城市成为创新创业者的"圆梦之都""活力之城"。

第二节　优化科技成果转化机制的有效途径

一、有针对性地提升中西部地区科技成果转化绩效

（一）加大和优化科技资源投入

第四章的实证分析表明，科技资源投入对科技成果转化绩效有显

著的正向影响，而且不同行业、不同类别、不同研发主体、不同研究阶段、不同投入来源的科技资源投入对科技成果转化绩效的影响有大小之别。因此，针对科技成果转化绩效偏低的省市，需要不断加大和优化科技资源投入，以提高科技成果转化绩效。首先，加大科技资源投入规模。第四章的实证分析表明，科技资源投入规模对科技成果转化绩效有显著正向影响，即科技资源投入规模越大，越有利于科技成果转化绩效的提高。其次，优化科技资源投入结构。从不同行业的投入来看，应该加大对高技术产业和企业的政策扶持，鼓励其加大科技资源投入；从科技资源的不同类别来看，应该注重科技人才和科技经费的合理配置，在加大科技人才和科技经费投入的同时要保证人均经费，加强对科技人才的培养；从研发主体的科技资源投入来看，不仅要保证企业的主体投入地位，还要加强研发机构的科技资源投入；从研究阶段的科技资源投入来看，不仅要保证试验发展阶段有充分的投入，还要增加应用发展阶段的投入；从投入来源的科技资源投入来看，不仅要保障企业是主要的投入来源，还要加强外资的引进，尤其是带着高技术的外资。

（二）增加科技成果数量

第四章的实证分析表明，科技成果数量对科技成果转化绩效有显著正向影响，尤其国内有效发明专利数量越多，越有利于科技成果转化绩效的提升。从第一章数据分析来看，上海 2022 年发明专利数达到了 202000，位居全国第一，然而西安、武汉、郑州、天津、广州、成都发明专利数不到上海的 20%，尤其是郑州，发明专利数只有 7408件。因此，应该努力增加科技成果转化绩效偏低地区的科技成果数量，尤其是有效发明专利数量。

（三）优化区域经济环境

区域经济环境对科技成果转化绩效有显著正向影响，具体来说，经济发展水平和市场化程度越高，越有利于科技成果转化绩效的提升。经济发展水平方面，2022 年上海的人均地区生产总值达到了 7.04 亿元/平方千米，位居全国第一，与其他城市拉开较大距离，北京地区生产总值仅达到 2.54 亿元/平方千米，成都为 1.45 亿元/平方千米，天津为 1.36 亿元/平方千米，重庆为 0.35 亿元/平方千米，西安为 1.07 亿元/平方千米，人均地区生产总值都达不到上海的 30%。在 9 个国家中心城市中，重庆的最少，排名最后。科技成果转化方面，2022 年西安的科研成果数仅为 29 件，在权重指数上也仅达到 6%。可见，科技成果转化绩效偏低的省市与其他省市相比，在经济发展水平和市场化程度方面都有显著的差异。因此，应该不断优化科技成果转化绩效偏低省市的区域经济环境，加速科技成果转化绩效的整体提高。

二、加强产学研合作

目前来看，高校、研发机构与企业仍然缺乏有效合作，因此为促进科技成果转化，应进一步加强产学研合作。

国际先进经验表明，产学研合作是国家和地区创新体系建设的重要内容之一，是优化科技成果转化机制的有效途径，是推动经济社会发展和科技发展的有效形式。例如，作为世界科技成果转化的第一大国，美国已经形成了官产学研分工清晰、互动有序的局面：政府是产学研合作的纽带，企业是应用科技的温床，高校是基础研究的天堂，联邦实验室是高精尖技术的摇篮，极大地推动了美国科技成果转化的速率和效果。

我国产学研合作已从着眼于人才培养的教育合作形式基本转变为着眼于科技成果转化的经济合作形式，并逐步转变为着眼于国家创新体系的产学研联盟形式。着眼于人才培养的教育合作形式，将产学研合作视为一种教育模式，即利用学校和企业两种育人环境和资源，通过课堂教育和实践相结合，培养能力型高素质人才；着眼于科技成果转化的经济合作形式，将产学研合作视为一种经济活动，企业利用高校和科研机构的科研成果谋取更多利润，而高校和科研机构则获得更多的 R&D 经费；着眼于国家创新体系的产学研联盟形式，将产学研合作视为学术界和企业界为了共同实现技术创新目标而形成的交流和合作关系，甚至形成一种战略联盟关系。可见，我国产学研合作在一定程度上推动了科技成果转化的发展，但是仍然存在一些问题有待完善，其中最为根本的就是合理平衡产学研合作各方的利益与风险。产学研合作各方应从合作中获得利益，这是产学研合作可持续发展的根本动力。产学研合作各方在合作中做到优势互补、互惠互利、密切合作、共同发展。政府支持十分必要，不仅最初的"启动资金"需要由政府资助，政府更要积极引导和资助科技中介服务、科技信息传播和技术标准制订等的发展，建立健全知识产权制度等。高校和研发机构不仅要注重市场需求与市场变化，提高自身的科技创新能力，创造有市场需求和使用价值的科技成果，还要保障科研人员的利益，激发其进行产学研合作的动力。如华南农业大学规定："学校以技术转让方式将其科技成果提供他人实施的，学校应当从转让所得的净收入中提取 70％支付给对成果及转化作出贡献的教师，其余的 30％由学校和学院各享有 15％。凡教师成果入股创办科技企业的，除另有约定外，完成人可在学校股份中占有 20％～50％的技术股份。"企业可将高校和科研院所看作自己的"研发中心"。在合作中，企业要善于综合集成社会资源，将高校和科研院所的先进技术与工业企业的设备制造以及风险投资企业的资本运作等紧密结合，共同完成产业升级。

三、促进技术市场发展

技术市场的活跃程度对科技成果转化绩效的贡献度最大，可见，促进技术市场发展对科技成果转化相当重要。发展技术市场能够优化科技成果转化的经济环境，促使科技成果顺利转化，是建立以市场为导向的技术创新体系、优化科技成果转化机制的有效途径。

一方面，我国技术市场的组织有待健全，管理有待进一步规范。目前，我国技术市场主要形式有科技信息交流会、技术交易会、通信技术网络、技术开发招标会等。实践证明，这些形式仍然不能完全满足技术交易需要。由于技术市场的组织不健全和管理规范力度不够，以致一些虚假的科技信息扰乱了技术市场，一些不成熟的甚至是伪科学的东西打着科技的牌子进入技术市场，造成了很恶劣的影响。因此，为促进科技成果转化，要加强技术市场建设，建立健全的技术市场管理体系。实行"放开、搞活、扶植、引导"的方针，坚持"集中指导、多家经营，方便基层、买卖两利"的原则，支持和鼓励各地区、各部门、研发机构、高校及其他企业事业单位，学术团体以及个人以多种所有制形式建立技术贸易机构，广泛开展技术交易会、招标会、洽谈会、信息发布会、科技集市，组织不同形式的科研生产联合体。规范技术市场管理，制定科技市场法规，建立全国统一的、完备的、开放的、竞争的、有序的技术市场体系。科技、经济、财政、金融、工商、税务等部门以及各业务主管部门之间应密切配合，支持技术市场的发展。

另一方面，我国技术市场的评价和推广能力有待提高。目前我国的技术市场体系一般只能起到联络和沟通的作用，有效的评估咨询服务体系尚未形成，对科技成果的价值评估缺乏一套切实可行、比较规范的办法，缺乏对技术、经济、市场等多方面的客观评价，无法为成果使用单位提供高质量的咨询服务。这使得成果供应方和需求方都心存疑虑，担心价值和价格的背离，技术中介机构没有发挥出应有的桥梁和纽带作用。因此，为促进技术市场的发展，加速科技成果转化，应该加强科技管理部门、高校、研发机构与科技中介及社会上的技术经纪人之间的联系和合作，加强对技术市场从业人员的培训，并要集成技术转移的各种服务，如信息、专利、交易合同、法律等，实现一站式服务，如西安科技大市场模式。

第三节　促进科技创新和科技成果转化的政策措施

一、优化科技成果转化的政策环境

区域经济环境对科技成果转化绩效有显著影响，很大部分原因在于科技成果转化政策环境的优劣。整体而言，东部地区科技成果转化绩效较高，原因在于：一方面，东部沿海地区有着相对健全的法律法规体系；另一方面，东部沿海地区对科技成果转化各方的支持扶持力度较大。因此，为加速科技成果转化，政府应该致力于健全法律法规体系和加大政策扶持力度，从而优化科技成果转化的政策环境，提高科技成果转化绩效。

（一）健全法律法规体系

首先，政府应加快对那些颁布时间较长、效果不理想、操作性不强的法律法规进行更新与完善。建立法律法规的后续跟踪、评价体制。减少各部门在各自领域出台重复性的政策与措施，统一对产学研合作与科技成果转化的法律法规、部门规章以及各种支持鼓励、奖励制度进行梳理、整理、减化、汇编，实现政策、法规、配套措施清晰有序、理解容易、操作性强。

其次，政府应该加强法治建设。市场经济公平竞争的环境需要法律的保障，高度法制化的环境将使科技园区内的企业全力投入科技创新和新产品的研制开发中去。国外高校科技园的成功离不开各国政府制定的法律法规的支持与引导，为此我国政府要进一步建立健全有关知识产权的法律法规，强化政府部门、企业以及个人保护知识产权的意识。我国近几年来制定了一系列有关科技成果转化、保护知识产权的法律，如专利法、反不正当竞争法等，促进科技成果转化法亦在"技术权益""法律责任"两章里对"技术秘密"作了相应的规定，但我国民众甚至科研人员对知识产权的保护意识仍然比较淡薄。各级政府要积极引导和推动知识产权管理制度，使一切可以取得专利等知识产权保护的技术及时取得国内外专利保护，从而形成市场竞争优势，最大限度地减少因专利保护不充分、不及时而造成的高新技术的流失。同时，政府要加大保护知识产权的执法力度，在全社会营造尊重和保护知识产权的法治环境。

最后，针对当前我国产学研合作缺乏专门法规支撑的情况，政府应尽快制定并颁布产学研合作促进条例，对以往针对产学研合作的各项政策法规进行整理、优化，使之成为权威性的产学研合作促进条例。条例中应鼓励和引导企业、高校、科研机构加强合作，强化产学研三方在合作过程中的共性利益，规避彼此间的文化、体制差异；确立产学研合作在科技成果转化与产业化中的法律地位，明确产学研各方的权利、义务、利益关系，合理分工，提高效率；规范产学研合作过程中各环节的行为；制定财政、税收、金融和服务等规定以促进产学研合作，保障企业具有平等、有效获得技术的机会，创造有利技术要素快速流动的法制环境，构建公平的产学研合作环境，减少产学研三方彼此间因势力不对等而产生的利益博弈。

（二）加大政策扶持力度

第一，在我国企业的科技成果转化主体地位没有真正实现的情况下，一方面政府可以通过税收优惠政策，鼓励企业加大研发投入，激发企业的创新动力，推动企业主体地位的提升。如16届66次广州市政府常务会议审议通过《广州市进一步促进科技成果转移转化的若干措施》，此措施是广州科技成果转化"1＋N"政策体系中的总政策文件，突出以企业为主体、市场为导向、需求为牵引的重要导向，旨在打通科技成果转化的堵点、难点，以突破性举措解决面临的迫切问题，把科技创新的最大变量转化为经济社会发展的最大增量。其中在强化市场需求牵引方面，《广州市进一步促进科技成果转移转化的若干措施》提出，要提升重点产业吸纳科技成果能力、支持重大科技成果落地产业化和加强科技成果转化应用场景牵引。明确了要聚焦产业链重点领域，实施创新联合体协同攻关计划，支持链主企业成为技术创新决策、研发投入、科研组织和成果转化的主体。每年选取不超过10个重点产业链重要方向，每条产业链遴选支持5～10个项目，每个项目给予最高200万元资助。同时，鼓励在穗企业积极承接国家重大科技项目、颠覆性技术重点项目、国家科技奖项目等落地转化和产业化，对实现落地转化的项目按"补改投"方式最高给予1000万元支持。此外，《广州市进一步促进科技成果转移转化的若干措施》鼓励国有企业牵头开放重点产业领域的应用场景，政务平台牵头开放政务服务的应用场景，建设一批标杆式应用场景，为新技术、新产品、新模式提供测试、试用、应用环境。另一方面，政府可以适当调整对高校和科研机构的财政拨款政策，向高校和科研机构进行财政拨款时，加大市场需求调查、与企业开展合作、进行科技成果转化等权重，强化企业的主体地位。此外，政府还应该实施税收优惠等政策，加大对高新技术企业和高新技术产业的扶持力度，以提高企业自身的科技创新能力。

第二，为优化科技成果供给质量，针对科技成果转化率低，存在的"僵尸专利"和缺乏奖励等"卡脖子"问题，明确将成果转化目标绩效作为科技项目重要评价因素，纳入市属高校院所领导班子和领导干部年度考核内容。对依托财政资金支持形成的科技成果在一定时期内没有转化且无正当理由的，主管部门可强制将成果通过第三方实施转化。非营利性研究开发机构和高等院校、转制科研院所按规定从职务科技成果转化收入中给予科技人员现金奖励，符合条件的，可按50%计入科技人员当月"工资、薪金所得"，依法缴纳个人所得税。

为免除科技成果转化后顾之忧，推动在穗高校院所、医疗机构和企事业单位职务科技成果单列管理，符合条件的职务科技成果不纳入国有资产保值增值管理范围。此外，搭建职务科技成果转化的数字化场景应用平台，未来转化可通过统一规范的内部审批通道，线上完成从申请到交易的全流程，以规范促免责。

第三，加强创新平台科技成果转化能力建设、活化成果转化空间载体、强化科技成果转化金融赋能、建设专业服务机构和技术转移人才队伍，增强服务体系效能。分层分类推进技术创新平台高质量发展，不断提高平台科技成果转化能力。瞄准广州"3＋5＋X"战略性新兴产业的细分领域，鼓励各类创新主体设立概念验证中心，探索实行社会资本参与的多元运营机制，为实验阶段的科技成果提供技术概念验证、商业化开发等服务。同时，鼓励龙头企业、科研机构牵头建设专业性或综合性中试小试平台并提供开放共享服务，加速成果产品化和产业化进程。采用先创建、后认定方式支持概念验证中心和中试小试基地建设，为强化金融赋能，提出建立高校科研机构成果转化项目的首轮投资机制；探索"先投后股"等方式支持科技成果转化，联合在穗高校发起设立覆盖科技成果转化和科技企业成长全生命周期的梯次基金群。此外，还考量了金融赋能的"最初一公里"难点所在，提出组建广州天使母基金，吸引一批优质天使投资管理人合作设立子基金，建立可操作的尽职免责和容错机制，破解企业在科技成果转化"最初一公里"的融资难题；研究优化广州国有投资基金管理运作考核及容错机制，制定基金投资行为"负面清单"，鼓励国有资本"投早投小投硬科技投长远"；支持科技成果早期投入多途径退出，组建广州并购重组母基金，推动发展 S 基金，畅通"产业投资—并购重组—赋能培育—分拆上市"良性循环，促进科技成果转化效率。

二、搭建科技成果转化服务平台

科技成果转化是一个复杂的社会系统，涉及各种信息的流动、不同形态的知识的流动以及资金的流动。只有相关的信息、知识、资金能够在科技成果转化过程中顺利的流动，才能保证科技成果转化的顺利进行。而作为科技成果转化的领导者、管理者和宏观调控者，政府应该积极搭建科技成果转化服务平台，以促进信息流、知识流、资金流的顺畅流动和有效结合，以加速科技成果转化。

（一）搭建科技成果转化的信息平台

为促进科技信息资源的公开与共享，政府相关部门应该主动建立全国科技信息数据库，及时发布与技术创新有关的技术发现。如英国早在 1987 年就建成了全国科技专用数据库，起到了科技信息有效沟通与共享的作用。为促进科技信息与经济信息的有效对接，政府应该加强网络、信息化建设，并主动搭建科技成果转化信息平台：鼓励高校和科研机构及时发布科技情报、科研成果等方面的科技信息，展示自己的科技成果和科研实力，引导企业及时公布自己对技术和产品的需求，鼓励中介机构及时发布技术市场相关信息。该平台能够促进科技信息与经济信息的有效对接，使科技成果供给方和需求方在市场的作用下高效合作，真正做到国内外同行通过互联网实现信息共享，为科技成果的顺利转化提供良好的平台。此外，政府应该逐步完善科技成果转化信息平台的功能，使其成为集信息检索、申请、评估、审批、交易、投资、融资、招聘、评估于一体的科技成果转化信息服务平台，加强科技成果转化各方的信息共享。

（二）搭建科技成果转化的知识平台

科技人员和科技成果都是科技成果转化的重要资源和因素。但是，科技人员配置结构的不合理、科技成果的实施和转化率较低在一定程度上影响了科技成果的转化，究其原因在于科技人员和科技成果的流动性受到了较大的限制。科技人员的科研活动大多局限在高校和部分科研机构，那么其科研思维将受限于科研本身，易导致与市场需求脱节。科技成果的流通方向在某种程度上就是科研人员进行研发的方向，而一旦科技成果缺乏流动，研发就失去了方向。可见，作为科技成果转化过程中知识的载体，人才和科技成果的合理流动非常重要。

因此，政府应该主动搭建科技成果转化的知识平台，促进人才和科技成果的合理流动。在人才方面，首先，搭建科技成果转化知识平台，定期发布人才需求信息，以科技成果转化项目为依托，吸引国内专家学者、海外人员、高校人才、科研机构研发人员等为科技成果转化服务，同时为人才发挥自己的才能优势提供良好的外部环境。其次，集聚包括技术、法律、经济、金融等在内的各个领域专家学者，共同组建成专家队伍，提供对科技成果转化项目的评估、论证和监督服务，以此规范科技成果转化各方的行为，提高科技成果转化项目实施的效率和效果。最后，政府要充分调动人才为科技成果转化服务的积极性，培养他们的转化意识和服务意识，促进人才在不同科技成果转化项目中的合理流动，充分利用和发挥人才优势。在科技成果方面，聚集专业而权威的科技中介机构对科技成果进行鉴定、评价、交易；加强知识产权的法律保护，实现知识产权管理的信息化、网络化和流程化，保证知识产权信息有效传递和共享。

（三）搭建科技成果转化的资金平台

资金是科技成果转化的重要保证和前提，资金的可得性关乎科技成果能否顺利转化。美、英、日等发达国家政府支持科技成果转化的重要手段之一就是设立专项资金进行资助。为解决我国科技创新及科技成果转化资金短缺的问题，第一，政府应该加大科技成果转化的直接投入，设立专项资金重点扶持具有产业化前景的项目，设立专项贷款重点扶持研发活动的应用阶段和科技成果转化的中试阶段。第二，借助资本市场的力量，发挥财政投入的杠杆作用，加快建立健全融资担保、贴息机制，促进多元化资本市场形成。一是推动企业界与金融界的积极合作，通过各种方式，比如对企业贴息、控股等，使研发实体能够与金融机构形成利益共同体。二是探索建立风险补偿机制，带动金融担保机构支持产学研合作项目。三是发挥政府与科技管理部门的协调作用，探索银政合作的道路。

本章小结

　　科技创新和科技成果转化是相互联系且相辅相成的，推进科技创新和科技成果转化同时发力，实现科技创新和科技成果转化的双轮驱动，从而推动经济社会的发展，需要从多个维度出发构建一个良好的创新生态系统，包括加强基础研究和应用研究的平衡、建立产学研协同创新机制、完善知识产权保护机制、提供资金支持和税收优惠政策、设立专项资金支持科技创新和成果转化、优化科技服务体系、建立多层次资本市场、强化人才培养和引进、推动国际合作与交流、繁荣创新创业文化、实施政策协调和监管等措施。

参考文献

［1］2022 年全国科技经费投入统计公报［EB/OL］. 2023－09－18［2024－03－10］. https：//www. stats. gov. cn/sj/zxfb/202309/t20230918 _ 1942920. html.

［2］国家统计局. 中华人民共和国 2023 年国民经济和社会发展统计公报［EB/OL］. 2024－03－01［2024－08－02］. https：//www. stats. gov. cn/sj/zxfb/202402/t20240228 _ 1947915. html.

［3］林毅夫，张鹏飞. 适宜技术、技术选择和发展中国家的经济增长［J］. 经济学（季刊），2006（3）：985－1006.

［4］国务院新闻办发布会介绍 2023 年知识产权工作进展情况［EB/OL］. ［2024－01－16］. https：//www. gov. cn/lianbo/fabu/202401/content _ 6926362. htm.

［5］中华人民共和国国民经济和社会发展第十四个五年规划和2035 年远景目标纲要［M］. 人民出版社，2021.

［6］成都高新区：2025 年力争集成电路产值超 2000 亿元［EB/OL］. ［2022－11－06］. https：//baijiahao. baidu. com/s？id＝1748745765834853459＆wfr＝spider＆for＝pc.

［7］田美玲. 国家中心城市的理论与实践研究：以武汉市为例［M］. 北京：经济管理出版社，2016.

［8］国新办举行 2023 年知识产权工作新闻发布会［EB/OL］. ［2024－01－16］. https：//mp. weixin. qq. com/s/KBJoZ-fkP3rhmtCjr Nj8HQ.

［9］唐五湘，黄伟.《科技成果转化的理论与实践》［M］. 北京：方志出版社，2006：17－33.

［10］2023 年我国进出口总值 41.76 万亿元，同比增长 0.2% ［EB/OL］. ［2024－01－13］. https：//baijiahao. baidu. com/s? id=17 879010043659187070&wfr=spider&for=pc.

［11］夏楠. 成都建设具有全球影响力的创新型城市战略研究 ［J］. 成都行政学院学报，2020（2）：87－91.

［12］2023 年重庆社会研发投入 750 亿元，综合科技创新水平西部第一 ［EB/OL］. ［2024－03－01］. https：//baijiahao. baidu. com/s? id=1792333091005969258&wfr=spider&for=pc.

［13］深圳是源创新颠覆性科创成果转化首选地 ［N］. 深圳特区报，2024－02－06.

［14］数据来自于国家科技成果信息服务系统 ［EB/OL］. ［2023－09－18］. http：//www. nstas. cn/nstas/navigation.

［15］刘家树. 基于创新链集成的科技成果转化研究 ［D］. 南京：南京航空航天大学，2015.

［16］刘家树，菅利荣. 科技成果转化效率测度与影响因素分析 ［J］. 科技进步与对策，2010，27（20）：113－116.

［17］朱金龙，孙雁飞，王晓冬. 基于超效率 DEA 的高校重点实验室科研效率评价与分析 ［J］. 科技与管理，2018，20（4）：50－56.

［18］王兆华，张斌，何森雨. 供应链上制造型企业绿色技术选择与升级策略 ［M］. 机械工业出版社，2021.

［19］韩晋芳. 论科研院所的转制之路 ［J］. 当代中国史研究，2023，30（4）：64－77，158.

［20］刘家树，吴佩佩，菅利荣，等．创新链集成的科技成果转化模式探析［J］．科学管理研究，2012，30（5）：26-29.

［21］2023年上半年成都GDP公布，同比增长5.8%［EB/OL］.［2023-07-21］．https：//www.163.com/dy/article/IA6DKC3N0553JAQT.html.

［22］谢丽媛．消费社会模型2.0：从四次工业革命说起：以美国为例［R］．华福证券．2024.

［23］董蓉．美国国防部发布2023年版《国防科技战略》［J］．科技中国，2023（6）：103.

［24］钱翰博，马祥涛，赵青等．美国科技政策演化对创新体系的作用分析及相关思考［J］．科技中国，2023（10）：28-31.

［25］李哲，杨晶，朱丽楠．美国国家创新体系的演化历程、特点及启示［J］．全球科技经济瞭望，2020，35（12）：7-11.

［26］北京市"十四五"时期国际科技创新中心建设规划［EB/OL］.［2021-11-03］．https：//www.beijing.gov.cn/zhengce/zhengcefagui/202111/t20211124_2543346.html.

［27］上海市建设具有全球影响力的科技创新中心"十四五"规划［EB/OL］.［2021-09-10］．https：//www.ndrc.gov.cn/xxgk/zcfb/ghwb/202109/P020210910639035516208.pdf.

［28］中共四川省委十二届三次全会举行［N］．四川日报，2023-06-20.

［29］黄雪松．成都"科创贷"已累计放款超300亿元［N］．成都日报，2023-09-12.

［30］陈科，李诏宇．成都探索科技金融精准服务新模式［N］．科技日报，2023-11-17.

后记

　　科技兴则民族兴，科技强则国家强。坚定不移走自主创新道路是我国科技创新的必然路径，科技成果转化是创新驱动发展战略的核心内容，也是提升国家创新体系效能的关键环节。2023年7月，习近平总书记来川视察，作出了"在推进科技创新和科技成果转化上同时发力"的重要指示，体现了习近平总书记对世界大势与时代潮流的深刻洞察，也强调了四川在国家实现高水平科技自立自强中的战略使命。2023年起成都将科技成果转化作为科技创新工作"一号工程"，始终坚持科技创新与成果转化"双发力"，不断采取强化企业科技创新主体地位、推动产学研融通创新、提升高校和科研机构的科技成果转化效率等措施，强调加快科技成果转化为现实生产力的重要性，为城市可持续发展、经济高质量发展和居民美好生活需求提供强大动力和支撑。

　　本书是2023年中共成都市委党校（成都行政学院）学习贯彻习近平总书记来川视察重要指示精神重大专项课题"推进科技创新和科技成果转化上同时发力研究"最新成果，立足世界三大中心转移和我国科技成果转化现状，聚焦科技创新需求导向科技成果转化，围绕需求清晰度、需求强度、需求深度和需求契合度四个维度进行研究，为推进科技创新和科技成果转化同时发力提供实用性强、操作性强、针对性强的措施和建议，并为城市科技创新成果转化市场需求满足和效率提高提供参考。参与本书案例调研、编写及修改工作的人员分工如下：

前言、第一章、第二章、第三章、第四章、第十章由夏楠（中共成都市委党校）撰写；

第五章、第九章由毕超（中国航天科技国际交流中心）撰写；

第六章、第七章、第八章由王燕枝（中共成都市委党校）撰写。

李好（成都市社会科学院）为全书的框架设计提供指导性意见并作出整体修改。

本书能够顺利出版得到国家行政学院出版社及中共成都市委党校科研处的大力支持，谨对所有给予本书帮助支持的单位和同志表示衷心感谢。研究团队用将近一年的时间进行前期调研、数据统计和撰写修稿，虽尽了最大努力，但仍难免存在纰漏，敬请广大读者谅解并指正。